1

Über mich

Ich bin Daniel Voltaire, bin im Veröffentlichungsmoment 14 Jahre alt (ja, das ist kein Tippfehler, ich bin 2004 geboren) und lebe im wunderschönen Bonn im Rheinland. Ich blogge seit Frühling 2017 auf meinem Blog „Voltaire – Blog" über Essen und Lifestyle, habe im August 2017 mein ersten Ratgeber „Spaß an Schule?" veröffentlicht und betreibe nebenher einen Online-Shop mit selbst gestalteten Druckprodukte wie Postkarten und habe für 2018 einen Schülerkalender sowie für 2019 einen eigenen Tageskalender designet und verkauft. Ich liebe Köln und den schönen Rhein, würde literweise Kaffee trinken, mag den Geruch von Benzin, könnte jeden Tag Pasta essen und bin totaler Workaholicer und liebe meine Arbeit und diese Leidenschaft.

Daniel Voltaire

Die Scherben des Mobbings

Bibliografische Information der Deutschen
Nationalbibliothek: Die Deutsche Nationalbibliothek
verzeichnet diese Publikation in der Deutschen
Nationalbibliografie; detaillierte bibliografische Daten
sind im Internet über dnb.dnb.de abrufbar.

ISBN: **9783748182962**

Herstellung und Verlag:
BoD – Books on Demand, Norderstedt

„Hannah, steh auf. Es ist schon fast 7 Uhr!", flüsterte die Mutter von Hannah leise. Hannah wachte auf und war zuerst verwirrt, da sie noch dachte, dass sie Sommerferien hat. Als sie richtig „anwesend" war, schimpfte sie ihre Mutter an und schrie schon fast verärgert: „Man Mama, ich war so schön am schlafen und du weckst mich schon um 7 Uhr! Wir haben doch noch Ferien." Als Hannah diesen Satz verärgert zu ihrer Mutter schrie, lachten ihre Eltern. Ihr Vater war gerade aus dem Badezimmer gekommen und lehnte sich an dem Türrahmen ihres Zimmers an. Als Hannah dann genauer nachdachte, wurde ihr bewusst, dass ihre Ferien schon vorüber waren und heute ihr erster Schultag in der 5. Klasse eines Gymnasiums war. Sie sprang sofort aus dem Bett und tanzte vor Freude mit einem großen Lächeln. „Jetzt komm, wir frühstücken. Weil heute dein erster Tag an der neuen Schule ist, habe ich dir eine kleine Überraschung gemacht", sagte die Mutter mit einem großen Grinsen. „Rührei?" fragte die 10 Jährige. „Nein, noch viel besser. Etwas was du ganz selten isst, aber sehr magst und es ist nicht sehr gesund." antwortete die Mutter von Hannah mit Vorfreude auf ihre Reaktion. „Okay, ich löse auf...

Pfannkuchen mit Nutella!" Hannahs Lächeln wurde noch größer und breiter und sie sprang auf und umarmte ihr Mutter so fest, dass sie beide fast umgefallen wären. Sie ging schnell ins Bad und machte sich frisch. Neben ihrer Zahnpasta stand ein Spiegel. Vor lauter Freude und Aufregung auf die neue Schule griff sie zu fest und schnell zur Zahnpasta. Der Spiegel fiel mit einem lauten Knall auf den kalten Boden. Jetzt hoffte Hannah nur, dass der Spiegel nicht kaputt war, da ihre Freundinnen ihr mal erzählt haben, dass man dann für eine lange Zeit Unglück hatte. Mit einer großen Spannung hob sie den Spiegel, der eigentlich ihrer Mutter gehörte. Sie drehte den Spiegel mit geschlossenen Augen um und blickte auf. Vor Schreck biss sie sich auf ihre Zunge. Der Spiegel war kaputt! Durch den lauten Knall kamen jetzt die Eltern ins Bad rein. Und fragten Hannah, ob sie sich verletzt hat. „Nein, alles gut. Der Spiegel ist mir nur vor lauter Aufregung hingefallen. Tut mir Leid.", sagte Hannah mit einem schlechten Gewissen wegen dem Unglück. Die Eltern beruhigten sich wieder, *aber* Hannah hatte trotzdem das schlechte Gewissen. Ob sie jetzt Unglück bekommt? Dieses Gewissen merkten schließlich auch ihre Eltern und fragten sie daher nochmal „Hannah, was ist mit dir?" „Nichts, aber ich habe jetzt für eine lange Zeit Unglück.", erklärte ihnen Hannah. Die Eltern sahen sich gegenseitig an und lachten dann. „Hannah, das ist doch nur Aberglaube! Glaub mir, es wird dir nichts passieren und du wirst immer Glück haben. Du hast ja auch noch einen Glücksbringer. Der schützt dich auch.", meinte ihr Vater. Dann verschwand auf einmal auch Hannahs schlechte Gewissen, weil sie vollkommen vergessen hatte, dass sie noch den Glücksbringer hat. Den Glücksbringer hatte ihr ihre Oma geschenkt, die jetzt im Himmel war. Den Glücksbringer hatte sie immer an ihrer rechten Hand. Es war ein sehr fein gemachtes Armband. Mit wieder gutem Gewissen ging Hannah aus dem Bad raus und runter zum Frühstück. Nach dem Frühstück zog sie sich an und machte sich für die neue Schule bereit. Weil heute ihr erster Schultag war, wurde sie mit dem Auto ihrer Mutter gefahren. Im Auto dachte sie noch etwas über ihre neue Schule und über ihre Freundinnen nach, die sie in den Ferien vermisst hatte. Alle waren im Urlaub und könnten sich nicht treffen, um miteinander zu spielen. Sie sagte ihrer Mutter „Ich

freue mich schon auf Lisa, Lena und vor allem Anna."
„Ah ja, und natürlich auch auf die anderen!", ergänzte
sie. Ihre Mutter sagt nichts. Es war für ganz wenige
Zeit Stille im Auto. Keiner sagte nur einen Piep. Doch
dann fing ihre Mutter mit dem reden an und sagte zu
Hannah leicht verwirrt „Äh, du bist doch auf der neuen
Schule. Deine Freundinnen sind doch auf der anderen
Schule. Hast du das etwas vergessen?" Hannah sprach
zuerst gar nicht. Es war wieder still. Doch dann
realisierte Hannah wieder, dass sie ihre Freundinnen
nicht mehr in der Schule sehen kann und sie wurde
traurig. Sie hatte sich so sehr auf ihre Freunde gefreut.
Sie waren schließlich ganze vier Jahre lang beste
Freundinnen und sind durch dick & dünn gegangen.
Sie haben auch eine lange Zeit hinter sich. Zudem
wurde Hannah auch bewusst, dass sie sich jetzt neue
Freundinnen suchen musste. Hannah war sehr
mulmig, weil sie sich die ganze Autofahrt Sorgen
machte, dass keiner mit ihr befreundet sein möchte
und sie dann nicht mehr so beliebt wie in ihrer alten
Klasse war. Hannah wollte in dem Moment gar nicht
mehr zur Schule und wollte einfach nur von der Erde
verschwinden. Sie wollte sich nicht von ihren alten

Freundinnen trennen und neue Freunde finden. „Mach dir jetzt keine Sorgen. Du wirst schon Freunde finden. Die sind alle bestimmt ganz nett und freundlich zu dir.", sagte ihr Mutter mit der Hoffnung, dass sich Hannah wieder freuen kann. Doch Hannah konnte sich einfach nicht vorstellen, dass die Schülerinnen dort nett sind und dann mit ihr spielen. Ihre Mutter gab ihr ein Kuss und wünschte ihr einen schönen ersten Schultag. „Schöner erster Schultag. Ich glaube eher <<schlechter oder schlimmer erster Schultag>>", murmelte Hannah beim Aussteigen vor sich hin. Diesen Satz hörte natürlich ihre Mutter, die eigentlich jetzt schon los musste, damit sie nicht zu spät zur Arbeit kommt. „Denk doch ein bisschen positiv, Hannah. Komm du wirst ganz bestimmt viele nette Leute kennenlernen!", sagte ihre Mutter schon ein bisschen genervt. Sie trödelte bis zum Eingang und war zuerst einmal alleine. Sie kannte schon ein paar Gesichter, weil es gestern einen Einschulungstag gab. Das war jedoch für Hannah sehr langweilig, da sie nur über die Schule erzählt haben. Und an dem Tag hat sie sich auch nicht mit den anderen befreundet, geschweige dem mit denen geredet. Also kannte sie nur sehr wenige von dem Treffen.

Als erstes hatten sie Deutsch mit Frau Müller. Frau Müller war auch ihre Klassenlehrerin. Sie sah sehr nett und freundlich aus. Zumindest darüber war Hannah froh. In Deutsch hat sich Hannah kein einziges mal gemeldet, weil sie Angst hatte etwas falsch zu sagen und sie dann alle auslachen würden. Sie kannte ja bis jetzt noch immer niemanden. Nach Deutsch hatten sie eine Pause von 20 Minuten. Der Höhepunkt von Hannahs Sorgen war jetzt an der Reihe. Sie hatte sich schon viele Sorgen im Auto gemacht. Als sie den Klassenraum mit einem komischen und eingeschüchterten Gefühl verlassen hatte, hatte sie nur noch ihr Bot in einer Hand und war zuerst in der Aula, wo sich alle Schüler der Schule befanden. Sie war alleine und auch ziemlich am Rand. Während sie langsam ihr Brot aß sah sie mit beiden Augen die anderen Mitschülerinnen wie sie mit einander redeten und über ihre alten Schulen und Freunde erzählten. Hannah wurde wieder etwas traurig. Sie musste wider an ihre alten Freunde von damals denken. Damit es aber nicht so auffiel, dass sie alleine ohne Freundinnen ist und einfach nur dort steht, ging sie zur Schulpinnwand. In der Aula hatte die Schule eine Pinnwand mit allen wichtigen Informationen wie z.B. dem Vertretungsplan oder AGs oder Ähnlichem. Sie tat so als ob sie sich das durchlas und sich dafür interessierte. In Wahrheit hat sie die komplette Pause gehofft, dass keiner sie als „Verrückt" betrachtete und dass die Pause schnell zu Ende sein sollte, weil sie irgendwann nicht mehr wusste was sie machen sollte. Als sie sich gerade überlegen wollte, etwas anderes zu machen, hat es schon geklingelt und der Unterricht fing wieder an. Jetzt hatte Hannah Physik mit Herr Schäffer. Ihn kannte Hannah noch nicht, doch sie hatte kein gutes Gefühl dabei. Sie dachte, der Lehrer wäre nicht so nett und freundlich wie Frau Müller, ihre Deutschlehrerin. Als sie den Physikraum betrat und sich für die Begrüßung vorbereitete, bekam sie schon vom Lehrer Ärger . „In dem Tempo stehen wir noch morgen hier. Zack, Zack. Wir sind hier nicht im Kindergarten.", schimpfte der etwas ältere Physiklehrer. Hannah wurde rot. Es war ihr peinlich, da sich die gesamte Aufmerksamkeit der Klasse auf sie richtete. Sie nahm schnell ihr Physikbuch, ihr Heft und ihre Mappe aus der Tasche raus. Bei der Hektik fiel ihr das Heft und die Mappe auf den Boden. Ihre Sitznachbarin hob es auf und lächelte Hannah an. Hannah sagte leise aber freundlich „Danke." und lächelte sie ebenfalls an. Alle begrüßten den Lehrer und sie setzten sich wieder auf ihre Plätze. „Weißt du, der Lehrer ist echt streng und doof.", flüsterte ihre Sitznachbarin zu Hannah. Hannah fragte wiederum „Woher weißt du das?" Sie antwortete lächelnd: „Meine große Schwester ist hier auf der Schule und hat mir das deswegen erzählt." Hannah nickte und sagte nur „Ach so okay.". Die 10 Jährige war erfreut, dass sie schon mal den ersten Schritt gewagt hat und mit einer aus der Klasse redete. Hoffentlich findet sie mich nicht blöd, dachte sich Hannah, die den Unterricht gar nicht mitverfolgte und bei den Gedanken wo anders war. Hannah wagte sogar noch mehr. Sie fragte freundlich ihre Sitznachbarin: „Wie heißt du eigentlich?" „Sabrina. Und wie ist dein Name?", antwortete das Mädchen. „Äh, Äh, Ähm...", kam aus Hannah raus. Sie war zu aufgeregt und hatte schon fast ihren Namen vergessen. „Ähm, ich heiße Hannah.", fügte sie noch hinzu. In der Stunde lang redeten die beiden 10 Jährigen über die neue und alte Schule und so wussten sie mehr über den anderen

„Sollen wir Freundinnen sein?", fragte Hannah am Ende der Stunde. Sabrina lachte und sagte „Na klar. Wir können im Klassenraum neben einander sitzen. Neben mir sitzt noch keiner." Hannah packte ihre Physiksachen in ihre große Schultasche ein und war froh eine Freundin gefunden zu haben. Die beiden Mädchen gingen raus und spielten in der Pause miteinander. Dieses mal hatte Hannah auch nicht das Bedürfnis, dass die Pause schnell vorbei sein sollte. Ganz im Gegenteil, sie wollte sogar mehr Pause haben. Nach den beiden Stunden „Klassenleiterstunde" wurde Hannah von ihrer Mutter wieder abgeholt. Hannah war sehr froh und glücklich, dass sah auch ihre Mutter und fragte sie, wie denn der erste Schultag war. Hannah erzählte über ihre Lehrer, die Schule und über Sabrina, ihre neue fast beste Freundin. Sie war eigentlich in der neue Schule ihre beste Freundin, da sie keinen anderen genau kannte und bis jetzt außer ein „Hallo" nicht geredet hat. Zuhause aß sie Mittagessen und machte dann ihr Hausaufgaben für den nächsten Tag, die sie erledigen musste. So verbrachte sich den ganzen Tag und ging dann abends schlafen, damit sie morgens ausgeschlafen aufwacht.

Sie wachte auf, ging ins Bad, frühstückte. Aber heute musste sie mit dem Bus zur Schule fahren. Das war für Hannah sehr neu, denn eigentlich fuhr sie immer mit ihren Eltern. Als sie morgens dann das Haus mit etwas Aufregung verließ, ging sie zur Bushaltestelle, die nicht sehr entfernt von der Wohnung war. Sie wartete auf den Bus und stieg ein. Sie bemerkte schnell, dass der Bus sehr voll war und sie sich einquetschen musste. Sie quetschte sich in den Bus rein und hielt sich an der Stange fest. Sie hat schon beim ganzen bremsen und Gas geben mehrmals auf den Schuh einer Person getreten. Sie blickte zur Person und sah einen relativ großen, sportlichen Mann, der ein Anzug hatte. Sie hat gedacht, dass der Anzugträger bestimmt ein Wichtiger Mann ist und ganz streng ist. Langsam wurde es ihr peinlich. Plötzlich gab es im Bus eine Vollbremsung, Hannah war komplett abgelenkt und ist runter gefallen. Hannah lag auf dem Boden. Jeder Fahrgast schaute sie an. Die komplette Aufmerksamkeit war auf sie gerichtet und sie wurde zu einer Tomate. Es war ihr sehr peinlich, weil mittlerweile der Anzugträger sich beschwerte und mit Hannah schimpfte. „Man, pass doch etwas auf. Mensch, kannst du dich nicht mal richtig fest halten!", schimpfte der Anzugträger, der von der Gymnasiasten genervt war. Aus Hannah kam nur ein „Tut mir Leid." raus, weil sie sich schon komplett auf die Mädchen, die in der Nähe von ihr waren, fokussiert hatte. Hannah wollte jetzt nur noch von der Welt weg, weil ihre Mitschülerinnen da waren und sie Hannah ausgelacht haben. An der nächsten Station musste sie schon aussteigen und zur Schule gehen. Sie ging sehr trödelnd und langsam, weil es ihr noch immer unangenehm war. In der Klasse hat sich die schwere Situation von Hannah schnell verbreitet und als sie zu den Anderen hinsah, lachten sie alle aus und kicherten mit den anderen Freundinnen. Sie hat die anderen ignoriert. Doch spätestens ab nächster Woche konnte sie die anderen nicht mehr ignorieren, da sie immer noch ausgelacht wurde. Immer noch wollte keiner mit ihr befreundet sein, außer Sabrina. Doch sie hatte langsam auch den Kontakt abgebrochen. Sie lachte zwar nicht über Hannah, aber sie waren nicht so eng befreundet wie in der ersten Schulwoche. Außerdem passierten ihr in den nächsten Wochen noch mehr peinliche Dinge. Die anderen hatten schon alle Freundinnen und Freundeskreise und kannten sich so, als ob sie schon seit 8 Jahren zusammen wären. Doch nur Hannah war das Mädchen, das unbeliebt war. Innerhalb des ganzen Halbjahrs wurde sie gemobbt und als das unbeliebte und peinliche Mädchen betrachtet.In den Winterferien hat sie nichts besonderes getan. Sie war hauptsächlich zuhause und hat sich mit sich selbst beschäftigt. Doch worauf sie sich am meisten freute, war Weihnachten. Sie liebte die Weihnachtszeit. Wenn es draußen kalt ist und noch am Besten wenn es schneite, man zuhause eingekuschelt im warmen Bett, und einen Kakao trinkt oder dabei ein Buch liest. Genau das machte für sie Herbst und vor allem Winter aus. Aus diesem Grund freute sie sich besonders auf Weihnachten. Zudem sah sie dann wieder ihre ganze komplette Familie. Eigentlich ist das Familientreffen an Weihnachten immer bei der Oma von Hannah, doch dieses Jahr findet es bei ihr im Hause statt. Zudem konnte sie in den Winterferien ein bisschen auch de andere Mitschüler vergessen wegen ihrer Vorfreude auf Weihnachten und weil sie diese nicht mehr jeden Tag sehen musste. Am 24. Dezember wachte Hannah morgens mit einem breitem Lächeln auf und ging zur Küche, wo ihre Eltern waren. Alle umarmten sich zuerst und wünschten sich frohe Weihnachten. Inzwischen hatten sie schon ihre eigene Tradition. Alle bekamen die Geschenke abends nach dem Essen, damit auch alle bei der Bescherung dabei sein können. Morgens aßen sie alle zusammen, jedoch noch ohne den Gästen, weil die erst gegen Vormittag und Mittag kommen. Sie saßen am Esstisch und erzählten, was sie alles noch vorbereiten müssen und welche Klamotten sie tragen möchten. Gegen Nachmittag kamen dann auch die ersten Gäste. Sie umarmten sich und Hannah hatte richtig das Gefühl, dass sie eine große und liebe Familie hat. Sie haben alle den Nachmittag genossen und Kuchen und Kaffee getrunken. Doch Hannah musste zuerst sehr lange warten, bis die Gäste angefangen haben den Kuchen zu essen, weil ihre Mutter gesagt hatte, dass sie nicht direkt Kuchen essen sollte, sondern es höflicher ist, wenn sie noch wartet, bis als erstes die Gäste anfangen. Gegen Abend, hatte ihre Mutter ganz lecker ein Hähnchen gebraten. Alle waren am Esstisch und haben über das letzte Jahre geredet. Hannah fand es noch am Anfang echt interessant, zu erfahren, was die anderen im letzten Jahr so gemacht haben, doch es war so viel passiert, dass sie dort noch für eine lange Zeit am Tisch redeten. Nach schließlich einer Stunde, fragte Hannah ganz leise ihre Mutter, ob sie aufstehen darf. Die Mutter flüsterte zu Hannah „Ja." und lächelte sie nickend an. Hannah stand auf, ging in ihr Zimmer und spielte für eine kurze Zeit mit ihrem Handy. Nach kurzer Zeit kam ihr Vater rein und sagte zu Hannah „Hannah, komm wir teilen jetzt die Geschenke aus!" Hannah sprang schnell aus ihrem Bett auf. Sie ging zum Wohnzimmer und sie fingen mit der Geschenkausgabe an. Hannah suchte nach ihrem Geschenk. Sie fand es ganz versteckt unter den Geschenken von ihren Familienmitgliedern. Sie bekam das, was sie sich gewünscht hatte. Und zwar einen Nintendo 3DS. Sie war überglücklich und bedankte sich bei ihren Eltern. Diese sagten daraufhin „Bedanke dich aber auch bei den anderen, denn jeder von ihnen hat etwas Geld bezahlt, damit wir das letztendlich kaufen können." Hannah bedankte sich bei jeden und war echt sehr dankbar, denn sie wusste, dass sie sich das eigentlich nicht leisten können, weil ihre Eltern nicht den Bestbezahlten Job hatten.

Weil es in den Ferien geschneit hatte, haben Hannah

und ihre Eltern gemeinsam Schneeballschlachten gemacht. Hannah hatte einen wahnsinnigen Spaß daran und wollte gar nicht mehr nachhause zurück. Am liebsten würde sie für immer Schneeballschlachten machen. Während der Schneeballschlacht traf ein Schneeball von ihrer Mutter ihr Auge. Ihre Mutter dachte sich nichts großartiges, weil es ja nur Schnee war. Doch als Hannah dann anfing zu weinen rannte ihre Mutter zu Hannah, die noch immer am weinen war. „ Im Schneeball war ein kleiner Ast drin!" Die Mutter entschuldigte sich bei Hannah und sie ging nachhause, um das Auge zu kühlen. Zuhause bemerkte dann Hannah schließlich abends am Spiegel, als sie ihre Zähne putzte, dass ihr Auge richtig geschwollen und rot blau war. Sie dachte jetzt wieder an ihre Klasse. Sie wusste schon jetzt, dass alle sie wieder auslachen würden und sie wegen ihrem Auge mobben würden. Doch sie hörte plötzlich auf danach zu denken. Sie hat sich vorgenommen, dass sie ihr Ziel mit dem Mobbing erreicht. Sie gab also die Hoffnung nicht auf und kämpfte, dass sie nicht mehr die „kleine und unbeliebte Hannah" ist, sondern die „normale Hannah", die nicht immer von ihren Mitschüler/-innen gemobbt wird.

So liefen dann die ganzen Ferien von Hannah ab und sie machte sich Pläne für das neue Jahr und setzte sich Ziele. Spätestens jetzt musst sie wieder an die Schule und an das Mobbing denken. Noch hatte sie keinen Plan wie sie das Mobbing endgültig beenden konnte und wieder ein paar Freunde bekommt. Sie wollte auf gar keinen Fall die coole und beliebte sein. Ihr reichten schon ein paar Freunde, mit denen sie die Pause verbringen konnte und sich auch mal ab und zu verabreden konnte.

Sie bereitete sich die letzten Tagen der Ferien für die Schule vor, damit sie einigermaßen motiviert im Unterricht sitzt und gut vorbereitet ist.

Am ersten Schultag wurde sie, wie sie es gedacht hatte, von allen Leuten der Klasse gemobbt und ausgelacht wegen ihrem Auge. Schließlich bekam sie wieder ihre „Mobbing-Bauchschmerzen" und einen schweren Klos im Hals. Sie hat sofort die Lust und vor allem die Motivation am Unterricht verloren und wusste schon jetzt, dass es die nächsten Tage, Wochen und Monate sein wird, weil sie bis jetzt noch immer keinen genauen Plan hatte, wie endlich das Mobbing aufhören sollte. Sie konnte ja schließlich nicht immer morgens mit immer stärkeren Bauchschmerzen aus dem Haus gehen und deswegen auch noch im Unterricht schlecht sein. Sie hatte sich das Ziel gesetzt, gute Noten zu schreiben und sich auch im Unterricht zu beteiligen. Dieses Ziel wollte sie auch eigentlich verfolgen, doch wegen dem Mobbing ging das für Hannah nicht. Sie wollte auch nicht für immer die „unbeliebte und peinliche Hannah" bleiben. Sie wollte selbstbewusster werden. Das alles waren ihre Ziele und Vorsätze, doch wie sollte sie das nur schaffen? Als sie auf den Vertretungsplan, der im Foyer an der Pinnwand hing, guckte, sah sie, dass sie die ersten beiden Stunden „Klassenleiterstunde" haben und also organisatorisches besprechen. Alle Schüler/-innen warteten im Gang vor dem Klassenzimmer auf die Klassenlehrerin Frau Kamper, War nicht die Deutschlehrerin die Klassenlehrerin? die auch Hannahs Biologie und Sport Lehrerin war. Die Mädchen haben alle über ihre Ferien gesprochen. Was sie gemacht haben, wo sie im Urlaub waren oder wie sie Weihnachten gefeiert haben. Hannah stand ganz alleine und einsam an der Wand und konnte nur die anderen Mädchen belauschen und hören, dass z.B. Sabrina, die Hannah am meisten mit ihrer „Gang" mobbt und auslacht, in der Winterferien in den Alpen und Ski fahren war. Schließlich kam auch die Lehrerin. Hannah hob ihre Schultasche vom Boden auf und ging als letzte in den Raum, weil sich alle anderen wie immer drängelten. Da Hannah die letzte war, die den Raum betrat, bat sie ihre Klassenlehrerin, dass sie die Tür hinter sich schließen sollte. Hannah war schon fast ganz am Ende des Klassenraums und hat in der Zeit, wo sie sich einen Platz gesucht hatte, nicht gemerkt, dass die Lehrerin ein Kabel für den Projektor an die Steckdose, die sich unmittelbar neben der Tür befand, anschloss. Da Hannah noch so müde und verträumt war, sah sie das Kabel, dass mitten im

Weg war, gar nicht, stolperte und fiel mit ihrem Gesicht auf den Boden. Natürlich hat das die gesamte Klasse gesehen. Alle fingen laut an zu lachen und Sprüche zu machen wie z.B. „Wie blöd ist die den." oder „Dumm, dümmer, Hannah" Diesen Witz hat Hannah zuerst gar nicht verstanden, doch als sie sich erst mal beruhigte hat sie den „cleveren Spruch" verstanden. Es konnte auch Hannah nichts besseres passieren, als direkt am ersten Tag so peinlich aufzufallen. Hannah wurde wieder rot und stand auf. Die Lehrerin fragt Hannah „Ist was passiert?" „Nein, alles Okay!", flüsterte Hannah zu der Lehrerin und bestätigte dies mit einem kleinen und kurzen Lächeln. Daraufhin ging sie um das Kabel herum und suchte sich einen Platz in der Klasse. Ihr fiel auf, dass alle Mädchen in der Klasse vorne und alle Jungs in der Nähe saßen. Sie sah nur noch einen einzigen Platz am Ende des Raumes, wo sich keiner hingesetzt hatte. Sie ging zum Platz und setzte sich hin, packte ihre Schulsachen aus und alle begrüßten die Lehrerin. Die Lehrerin sagte zur Klasse, dass sie ab heute einen neuen Schüler in der Klasse haben, weil er die Klasse gewechselt hatte und jetzt aus diesem Grund in dieser

Klasse ist. Der Schüler stand auf und stellte sich vor. „Äh, Hallo. Ich bin Niklas und bin 11 Jahre alt und habe meine Schule gewechselt und bin jetzt auf dieser Schule." Hannah hatte ihn bis jetzt noch gar nicht bemerkt, weil sie ja kaum Zeit hatte ihre Sachen auszupacken und zu gucken wer alles da war. Doch auf den ersten Blick fand sie den Jungen recht sympathisch und so hässlich war er auch nicht. Am Ende der Stunde als die Pause begann war Hannah wie jede Pause wieder einmal alleine. Nicht einmal Sabrina sprach mehr mit ihr, zumindest bis jetzt noch nicht. Jedoch waren die Mädchen in der Nähe von Hannah und Hannah konnte so hören, dass alle nur noch über den neuen Jungen, Niklas, redeten. Sabrina sagte zu den anderen „Also ich finde den Jungen, gar nicht so hässlich. Niklas hieß er, oder?" fragt sie dann noch dazu. Die anderen nickten und stimmten zu und alle begannen über ihn zu reden, wie schön er ist oder mit welchem Mädchen er wohl dann befreundet wird. Doch plötzlich unterbricht Sabrina jeden aus der Mädchen-Klicke und ruft fast „Also Leute, ihr wisst: Niklas gehört mir und er wird mein Freund sein." Die anderen Mädchen waren für einen Moment still und guckten sich dann alle gegenseitig an und fingen mit dem sprechen wieder an. „Ganz sicher nicht! Er hat mich die gesamte Stunde lang angeguckt!" Hannah selbst fand den Jungen eigentlich auch ganz Okay und wenn sie ehrlich war, fand sie ihn sogar schön. Für einen Augenblick dachte sie, dass sie sich jetzt in den Jungen verliebt hatte, jedoch klingelte es dann und sie mussten wieder in den Unterricht. Somit hatte sie keine Zeit mehr an ihn zu denken und versuchte sich sogar wirklich auch im Unterricht zu konzentrieren und sich am besten zu melden, weil sie sich ja auch am Anfang des Jahres in den Winterferien gesetzt hatte besser im Unterricht werden. Sie hat sich sehr versucht zu konzentrieren und nicht den gesamten Unterricht an den Jungen zu denken. Da sie jedoch Physik hatten und deswegen auch im anderen Raum als gerade eben, in den ersten beiden Stunden waren, müssten sich nun alle auch anders hinsetzen. Auf dem Weg zum Raum hat Hannah sehr an Niklas gedacht und war auch zuerst im dritten Stock, obwohl sie eigentlich im ersten haben und das hat sie erst gemerkt, als sie 15 Minuten vor einem Raum stand, wo im Moment keine Klasse Unterricht hatte. Nach den 15 Minuten wurde es ihr auch bewusst und sie wusste schon jetzt wieder, dass die ganze Klasse sie zum einen wieder auslachen würde und mobben würde und sie dann auch noch Ärger vom Lehrer, Herrn Schäfer, der sehr streng war bekommen würde. Sie rannte so schnell runter, dass sie fast von der Treppe runter gefallen wäre. Im Klassenraum angekommen hat zuerst einmal die ganze Klasse über sie gelacht, aber zum Glück war Herrn Schäfer streng und ermahnte umgehend die Klasse leise zu sein, da sie sonst alle eine ganze Stunde nachsitzen werden. Die Klasse schweigt und nur manchen kicherten nur noch mit ihrem Sitznachbarn. Hannah entschuldigte sich beim Lehrer und klärte ihm auf, dass sie gedacht hat, sie hätten im dritten Stock und nicht hier im ersten. Weil heute der erste Schultag war und der relativ junge Physiklehrer ihr verzieh hatte sie ziemlich großes Glück. Der Lehrer ließ sonst Schüler, die zu spät kamen einen langen Text abschreiben. Sie blickte auf die Klasse, um sich auf einen freien Platz zu setzen und sah, dass ein Platz, hinten im Fachraum, noch frei war. Sie schlief zum Platz, legte ihren Rucksack ab und stand für die alltägliche Begrüßung mit dem Lehrer auf. Alle begrüßten den Lehrer mit einem langweiligen und langgezogenen „Guten Morgen, Herr Schäfer." wie das bei dieser Schule ganz üblich war, denn sie begrüßten sich zu jeder Stunde mit jedem Lehrer / mit jeder Lehrerin und das dauert manchmal sehr lange, weil sie auch ein paar Jungs hatten, die oft Quatsch machten. Nach der Begrüßung fing der Lehrer an über die Ferien und über das neue Jahr zu reden, weil sie das heute bis jetzt noch nicht gemacht haben. In der Zeit hatte auch Hannah Zeit zu gucken, wer alles wo sitzt und sie sah schon auf dem ersten Blick, dass sich Niklas neben Sabrina gesetzt hatte und sie jetzt miteinander tuschelten. Die komplette Stunde musste Hannah jetzt auch an Niklas denken und ob sie ihn ansprechen soll und z.B. nur ein „Hallo!" sagen sollte oder sie die anderen deswegen auslachen würden, denn schließlich waren die anderen in Niklas verliebt. Aber Hannah war sich jetzt noch ziemlich unsicher, ob sie wirklich in Niklas verliebt war und sie ihn nur so nett und sympathisch fand. Da sie sich echt nicht über den Unterricht interessierte, weil sie ziemlich viel Theorie machten, überlegte sie die gesamte Stunde und eigentlich auch den ganzen Tag. Zuhause angekommen erzählte Hannah auf Nachfrage ihrer Eltern, wie den der erste Schultag nach den Winterferien war. Zusammengefasst sagte sie ihren Eltern „Nicht so, wie ich ihn mir vorgestellt habe. Aber morgen wird es bestimmt besser." De n letzten Satz sagte sie, weil sie Angst hatte, dass ihre Eltern Verdacht schöpften, dass irgendetwas nicht stimmt oder sie im schlimmsten Fall herausfinden würden, dass Hannah von ihrem Mitschülerinnen gemobbt wird. Bis jetzt hat sie noch nichts von dem neuen Jungen aus der Klasse erzählt, weil sie es zuerst als kein guten Zeitpunkt empfand und außerdem wusste sie sowieso, dass ihre Eltern das nicht vorher herauskriegen würden. Sie überlegte so sehr über Niklas, dass sie nicht mal nachts zum schlafen gekommen ist, weil sie im Bett wieder überlegte und sie sich einfach nicht ablenken lies. Nach drei Stunden Gedanken als es schon Mitternacht war, dachte Hannah, dass sie vielleicht doch in Niklas verliebt war und doch ihn nicht nur freundschaftlich mochte, weil sie ja schließlich den ganzen Tag über ihn dachte und sogar nachts nicht richtig einschlafen konnte. Nach Mitternacht schlief sie dann doch noch endlich ein, jedoch hatte sie dann sehr wenig Schlaf, da sie am nächsten Tag um 5 Uhr 30 aufstehen musste, weil sie sehr weit entfernt von ihrer Schule wohnte und so einen langen Schulweg mit zwei Bussen und einer Bahn hatte.

Nach einer unruhigen Nacht, wollte sie gar nicht in die Schule, weil sie wusste, dass sie wieder gemobbt wird. Sie konnte ja nicht jeden morgen mit schlechter Laune, wegen der Schule und Bauchschmerzen aufstehen. Als sie in der Schule war und diesmal auch pünktlich vor dem richtigen Zimmer, wo auch die anderen Mädchen waren, hörte sie wie letztes mal erneut, dass Sabrina zu den anderen Mädchen, absichtlich laut und deutlich sagte, damit es auch Hannah hört, dass sie und Niklas schön fürs Wochenende im Kino verabredet sind. Als Hannah dies hörte wurde sie schlagartig traurig und musst mal wieder an Niklas denken. Hannah wünschte sich vom ganzen Herzen, dass sie sich auch mal trauen würde ihn anzusprechen, doch der Grund wieso sie sich traute war eigentlich ihr zumindest nicht richtig klar. Erst auf der Busfahrt von der Schule aus nach Hause wurde ihr dann auch bewusst, dass sie sich hauptsächlich wegen den anderen Mädchen nicht traute. Denn Hannah hatte viel zu sehr Angst, dass die anderen Mädchen davon auch mit kriegen und sie so mehr mobben und beleidigen und sogar z.B. Lügen über sie an Niklas verbreiten würden, damit Niklas ein schlechten Eindruck und ein schlechtes Bild über sie hat. Deshalb hatte sie sich noch immer nicht getraut ihm immerhin mal ein normales „Hallo!" zu sagen, doch wie Hannah sich kannte, wusste sie, dass sie wahrscheinlich sogar beim „Hallo!" sagen, irgendetwas tollpatschiges oder peinliches machen würde, wo die ganze Klasse lachen würde. Im Unterricht überlegte sie erneut mehr über diese Sache und hat dann beschlossen, Niklas in der nächsten Pause zu sagen, dass sie sich auch gerne mal mit ihm z.B. im Kino verabreden würde, denn sie musste ja schließlich auch den ersten Schritt wagen. Als es dann zur Pause klingelte und alle raus zum Schulhof gingen, wollte Hannah Niklas suchen und hoffte sehr, dass er nicht in der Nähe von den anderen Mädchen sein wird, da sie ihn nicht für eine Verabredung vor allen Leuten und vor allem den ganzen Mädchen Fragen wollte. Sie hat ihn die ganze Pause überall gesucht. Im Schulhof, drinnen und hinter den Turnhallen, denn ihre Schule hatte eine eigene Turnhalle, die hinten auf einer kleinen Wiese war. Jedoch hat sie ihn nicht gefunden. Es hat dann schon wieder geklingelt und sie ist in den Unterricht gegangen. Weil sie sich aber fest vorgenommen hatte, dass sie Niklas fragen würde, ob er sich mit ihr verabreden würde, dachte sie sich sie könnte einfach einen kleinen Zettel im Unterricht schreiben und das dann einfach weiter geben. Weil sie aber so froh war, dass sie sich auch mal endlich getraut hatte, ihn zu fragen, hatte sie komplett vergessen, dass der Zettel auf dem Weg zu Niklas auch an den Mädchen vorbeikommt. Bei zwei war der Zettel schon durchgekommen und schon bald kommt er bei Niklas an, dachte sich Hannah. Doch war Sabrina dem Zettel gegenüber sehr skeptisch und hat ihn erst einmal sehr fragend angeschaut und nach einem Namen gesucht. Jedoch hat Hannah nur „Für Niklas" geschrieben. Hannah hoffte jetzt einfach nur noch, dass sie ihn jetzt nicht aufmachte und durchlesen, denn dann würde das Sabrina auch den anderen Mädchen, die direkt neben Sabrina saßen, zeigen und die würden dann den Zettel sicherlich nicht an Niklas geben und sie würden dann bestimmt Hannah mehr mobben und auslachen. Sabrina zögerte den Zettel weiter zugeben und macht einfach ohne schlechten Gewissen den Zettel auf und las sich ihn durch. Zuerst zuckte sie ihre Augenbrauen nur nach oben, weil sie noch nicht wusste von wen den der Brief war, weil Hannah ihren Namen erst ganz unten geschrieben hatte. Als Hannah sah, dass Sabrina den Zettel durchlas wollte sie jetzt einfach nur noch verschwinden oder in den Boden sinken, weil es ihr sehr unangenehm und peinlich zugleich war, dass Sabrina sich den Zettel durchlas. Nach wenigen Sekunden grinste sie zu Hannah und zeigte natürlich den Zettel, wie von Hannah erwartet, den anderen Mädchen, die sich ihn auch durchlasen und dann zu Hannah gucken und lachten, als ob jemand ihnen etwas sehr witziges erzählt hätte. Die gesamte Ecke, wo sich die Mädchen befanden, lachten und der Zettel ging nicht an Niklas weiter, sondern wurde dann vor den Augen von Hannah zerrissen und dann in die Mülltonne getan. Nach einem vergangenem Tag wusste es auch mittlerweile die gesamte Klasse und auch Niklas. Jedoch hat sich Hannah immer noch nicht getraut ihn persönlich zu sagen, dass sie ihn liebt. Auch Niklas hat mit Hannah nicht über das Thema geredet, weil es ihm eigentlich egal war, dass Hannah in ihn verliebt war. Nach dem vergangenen Wochenende, wo sich Sabrina mit Niklas im Kino getroffen haben, hat Sabrina am Montag nur noch über sie und Niklas gesprochen und wie schön das Treffen war und das sie glaubt, dass Niklas auch zu 100% in Sabrina verliebt ist. Als Hannah das hörte atmete sie einmal tief durch um nicht zu weinen, weil sie ganz genau wusste, dass Sabrina das extra so laut sagt, dass es auch Hannah mitbekommt und dann traurig wird, da die anderen Mädchen ja schließlich wussten, dass Hannah auch wie Sabrina in Niklas verliebt war. Hannah merkte auf einmal, dass sie einen riesigen Klos im Hals bekam und nicht mehr reden konnte. Im Unterricht hat sie sich zusammengerissen und hat versucht nicht mehr an Sabrina zu denken oder an das Treffen von den beiden. Neues Kapitel? Am nächsten Tag ging es immer weiter so, dass Sabrina nur noch von Niklas und ihr selbst geredet hat. Mittlerweile hat aber Hannah versucht sie zu ignorieren, denn sie wusste ganz genau, dass Sabrina das alles nur wegen Hannah machte. Hannah hat sich im Unterricht jedoch fest vorgenommen den Jungen gleich in der Pause anzusprechen, denn sie wollte jetzt auch den ersten Schritt machen, auch wenn der Schritt eigentlich klein ist. Nach ein paar Minuten, in den Hannah überlegte, wie sie denn Niklas ansprechen sollte, sollten sie die nötigen Materialien vorne beim Lehrer abholen, weil sie ein Experiment in Physik machten. Hannah ging nach vorne und als sie sich die Materialien geholt hatte und aus dem Chaos vorne raus wollte und zu ihrem Platz gehen wollte, stieß sie gegen Niklas und ihre Sachen fielen runter. Hannah entschuldigte sich und gleichzeitig auch Niklas. Sie guckten sich beide in ihre Augen und lächelten dann für einen Moment. Danach fragte Niklas „Ähm. Soll ich dir helfen?" Hannah antwortete „Nein, danke. Ich schaff das schon." Hannah beugte sich und hob ihre Sachen auf und ging mit einem breitem Lächeln auf ihren Platz, weil sie endlich mit Niklas geredet hat. Auch wenn es eigentlich nicht genau so geplant war, war sie trotzdem glücklich, immerhin hat sie mit ihm etwas geredet. Am Ende der Stunde teilte dann Herrn Schäfer, der Physik Lehrer von der Klasse, einen Brief für die Eltern aus. „Gebt bitte den Brief an eure Eltern ab. Das ist für den Elternabend am Freitag.",sagte Herrn Schäfer der Klasse und Hannah packte den Brief ein und ging dann raus in die Pause. Am kommenden Freitag, an den der angekündigte Elternabend stattfand, musste Hannah zuhause alleine bleiben. Hannah hatte keine große Angst davor, weil sie das schon oft machen musste, weil ihre Eltern z.B. einkaufen waren und sie nicht mitkommen wollte. „Also Hannah. Brauchst du also echt nichts mehr?" fragten die Eltern Hannah. Hannah antwortete „Nein. Ich habe alles." Dabei rollte sie ihre Augen, weil sie fand, dass ihre Eltern sie wie ein Kleinkind behandelten und sich sehr viele Sorgen machten. „Und falls was ist, weißt du ja, wie du uns erreichst." ergänzte die Mutter. „Ja, Mama. Es passiert nichts. Ich bin ja kein kleines Kind mehr!" Die Eltern zogen ihre Jacken an und ihre Mutter nahm ihre Handtasche mit und verabschiedeten sich von Hannah mit einem Kuss auf die Stirn. Hannah ging springend in ihr Zimmer und nahm ihr Handy und guckte Serien an, denn sie hatte nichts mehr zu tun, weil sie all ihre Hausaufgaben und schon an Nachmittag gemacht hat. Ihre Eltern haben ihr gesagt, dass sie eigentlich um 22 Uhr im Bett sein soll und schlafen soll, aber Hannah wollte das nicht, weil sie sowieso morgen Wochenende hat. Also hat sie so viele Serien geguckt, bis sie dann um 22 Uhr eingeschlafen ist, weil sie einfach zu müde war. Morgens wachte sie dann ziemlich spät auf, wie eigentlich immer am Wochenende, weil sie zum einen am Vortag lange aufblieb und auch so richtig ausschlafen wollte, denn unter der Woche musste sie jeden morgen um sechs Uhr aufstehen und das fand Hannah zu früh. So wachte sie um halb zehn auf und ging in die Küche, wo sie ihre Eltern reden hören konnte. „Guten Morgen, Schatz" begrüßte Hannahs Mutter sie. Hannah sagte etwas müde „Morgen." und gab ihrer Mutter einen Kuss auf die Wange. Ihr Vater fragte sie „Und, gut geschlafen?" „Ja, und du?" antwortete Hannah. „Ja sehr gut." sagte der Vater zu Hannah. Hannah ging wieder in ihr Zimmer, um an ihr Handy zu gelangen. Zuerst einmal dachte sie, dass sie ihr Handy wie eigentlich jeden morgen an der Steckdose am laden hat, jedoch hat sie es dort nicht gefunden. Sie guckte auf ihren Schreibtisch und auch dort war es nicht. Sie rief zu ihren Eltern „Mama, Papa, habt Ihr mein Handy gesehen?" Die Eltern antworteten wiederum „Nein. Wir waren doch gestern Abend zusammen beim Elternabend." Erst jetzt fiel Hannah wieder ein, dass ja gestern ihre Eltern weg waren und sie bis in die Nacht in ein Serien geguckt hat und so ihr Handy wahrscheinlich auch irgendwo im Bett sein muss, weil sie es schließlich dort zuletzt gesehen und benutzt hat. Sei durchwühlte ihr ganzes Bett. Sie guckte unter der Decke, unter ihrem Kissen und noch immer hat sie es nicht gefunden. Jetzt hat sie sogar ihre Decke auf den Boden gelegt, um endlich ihr Handy zu finden. Als sie dann zufällig in den Schlitz zwischen ihrem Bett und der Wand hineinguckte, sah sie ihr Handy. Sie hatte beim Anblick einen kleinen Schock gehabt, weil sie nicht wusste, wie sie jetzt das Handy raus holen sollte, weil der Schlitz zwischen ihrem Bett und der Wand sehr klein war und sie das Handy mit den bloßen Fingern nicht raus holen konnte. Sie überlegte einen Moment und schob das Bett etwas zur Seite, damit das Handy auf den Boden fällt und nicht so eingeklemmt zwischen dem Bett und der Wand ist. So konnte sie besser an ihr Handy kommen, weil sie durch ihren Selfie Stick ihr Handy vom Boden holen konnte, auch wenn es eine weiten Abstand hatte. Sie schob das Bett etwas und sie hörte einen kleinen Knall, dass ihr Handy war. Sie kramte jetzt ihren Selfie Stick raus, um das Handy mit der vorderen Spitze vom Boden zu ihr zu schieben.Ihre Eltern fragten sie „Und, Hannah. Hast du´s gefunden?" Hannah musste sich schnell eine Ausrede ausdenken, weil sie nicht sagen konnte, dass ihr Handy im Schlitz zwischen ihrem Bett

und der Wand war, weil so die Eltern herauskriegen
würden, dass sie lange wach war und noch am Handy
war. „Ja ja, es war auf meinem Schreibtisch unter den
Papieren." Sie ging an ihr Handy und lag auf dem Bett
und versank wahrlich in ihr Handy bis ihre Eltern sie
zum Frühstück riefen. Sie ging in die Küche und sah,
dass es Müsli gab. Sie nahm sich die Packung und
schüttete sich Müsli ein. Anschließend griff sie zur
Milch und schüttete sich mit der einen Hand Milch ein
und mit der anderen Hand hatte sie ihr Handy in der
Hand und scrollte auf irgendwelchen sozialen Medien
herum. Sie war so konzentriert auf ihr Handy, dass ihre
Milch fast schüttete. Sie nahm sich ein Löffel und
machte ihr Handy, auf Wunsch ihrer Eltern aus und
fing an zu frühstücken. Ihre Mutter fragte sie nach
einigen Minuten, ob Hannah einen neuen Mitschüler
in der Klasse hat. Hannah antwortete langsam mit
„Ja!" und fragte ihre Eltern, wieso sie das wissen
wollen. Ihre Eltern sagten Hannah „Sabrinas Mutter
hat uns erzählt, dass ihr einen neuen Mitschüler in der
Klasse habt und sich Sabrina schon mit ihm getroffen
hat. Ich glaube der hieß irgendwie Niko oder Niklas."
„Äh, Ja, Niklas." Sie zuckte für einen Moment mit den

Augenbrauen und ihr Vater fragte Hannah, wieso sie das ihren Eltern noch nicht gesagt hatte. Hannah antwortete, dass sie es vergessen hatte, wegen dem ganzen Stress in der Schule. Natürlich hatte sie es in echt nicht vergessen, jedoch brauchte sie ein Ausrede, Ihre Eltern verziehe ihr uns sagten abschließend zu Hannah, dass sie es nächstes mal bitte doch nicht vergessen sollte, weil ihre Eltern zu jeder Zeit informiert sein wollen. Samstags unternahm die Familie immer etwas zusammen, damit sie so mehr Kontakt unter einander haben. Heute war Fahrrad fahren auf dem Plan, weil das Wetter eigentlich gut werden sollte. Hannah hat sich nicht darauf gefreut, weil sie zuhause im Bett sein wollte und mal nicht raus gehen wollte. Weil das Wetter aber an dem Samstag echt schlecht war, blieben sie auch ausnahmsweise zuhause und haben nichts großartiges mehr unternommen. Hannah hat auch so nur noch den ganzen Tag im Bett und im Schlafanzug ihre Serien weiter geguckt, weil sie samstags nie etwas für die Schule gemacht hat, damit sie so einen ganzen Tag mal frei hat und sonntags dann ihre Hausaufgaben für die nächste Woche erledigen konnte. Am nächsten Tag wachte sie um neun Uhr morgens auf und ihr Tag verlief ganz normal. Sie ging zur Küche, frühstückte und setzte sich direkt ran an die Hausaufgaben,damit sie das schon mal für den Tag geschafft hat und vielleicht noch ein, zwei Folgen ihrer Serie heute Abend gucken kann, weil ihre Eltern ihr das erst erlauben, wenn sie mit ihren Hausaufgaben komplett fertig ist. Montag ging sie wieder zu Schule und ihr Tag begann schon schlecht, weil sie morgens so müde war und einen Stuhl nicht sah und ihr kleiner Zeh dagegen stieß. Erst einmal sprang sie herum und hielt sich ihr Fuß mit einer Hand fest und versuchte sich auf die Couch zu setzten und sich zu beruhigen. Nachdem sie das etwas mit einem Kühlpack abkühlte, ging sie zur Bushaltestelle und sah schon von weitem den Bus und rannte schnell zur Haltestelle, weil sie sonst den Bus verpasst hätte und der nächste erst in 20 Minuten kommt und sie so zu spät in der Schule ankommt. Verschwitzt als hätte sie geduscht erreicht sie noch knapp den Bus und quetscht sich in den randvollen Bus ein, in den es für Hannah zu stickig war. An der Haltestelle, der Schule stieg sie aus und ging etwas zu Fuß zur Schule und dachte wieder mal um ihr großes

Mobbing Problem. Hannah hatte bis jetzt zwar noch keine Lösung für das Problem, damit sie endlich nicht mehr beleidigt und gemobbt wird, hatte jedoch noch Hoffnung, dass die anderen Mitschülerinnen nicht mehr beleidigen und mit dem Mobbing aufhören. Wie immer wartete die gesamte Klasse im Gang auf den Lehrer und es fing wieder an, dass die anderen Hannah als „Außenseiterin" beleidigten und über sie sehr laut und auch auffällig lachten. Im Unterricht dachte sie erneut darüber nach und ihr kam plötzlich in den Sinn, dass sie es ihren Eltern sagen kann und die vielleicht Hannah helfen konnten. Doch Hannah strich nach wenigen Sekunden diese Idee, weil sie wusste, dass die anderen sie noch mehr dafür mobben würden. In der dritten Stunde hatte Hannah mit ihrer Klassenlehrerin Biologie und schon am Anfang der Stunde standen drei große Schüler der Schule im Klassenraum. Frau Kamper erzählte der Klasse, dass die drei Schüler der Klasse etwas über Mobbing reden wollen. Die anderen Mädchen lachten und sagten „Ja, das kann ja mal Hannah gebrauchen." Hannah versuchte sie zu ignorieren und hörte den drei Schülern zu, die wahrscheinlich in der Oberstufe waren. Die drei redeten hauptsächlich darüber, dass wenn man gemobbt wird, man sich unbedingt Hilfe suchen sollte, weil das nicht immer so weiter gehen sollte. Außerdem erzählten die Schüler auch, dass wenn Schüler oder Schülerinnen zu den gehen, dass alles geheim und anonym bleibt. Hannah überlegte kurz dort hin zu gehen, weil sie keinen Ausweg mehr fand. Jedoch hatte sie nicht viel Zeit zum überlegen, da es nach dem Gespräch klingelte und sie in die Pause mussten. Als Hannah zurück zu hause ankam, aß sie Mittag. Beim Essen fragte ihre Mutter sie, wie der Schultag war. „Ganz OK. Wie immer halt.", antwortete Hannah. Nach dem Mittagsessen ruht sich Hannah immer etwas aus, weil sie meistens danach ihre Hausaufgaben macht und z.B. für Klassenarbeiten und Tests lernt. An dem Montag, hatte sie wirklich keine Lust ihre Hausaufgaben zu machen. Sie überlegte am Handy, was für Hausaufgaben, sie überhaupt hatte. Dann bemerkte sie, dass sie nur Deutsch Hausaufgaben hatte. Und weil ihre Deutschlehrerin meistens die Hausaufgaben nicht kontrolliert, dachte sich Hannah auch nichts und hat ihren Eltern gesagt, dass sie heute keine Hausaufgaben hat. Ihre Eltern waren im ersten

Moment etwas erstaunt, weil Hannah in der Regel fast jeden Tag Hausaufgaben hatte oder zumindest für Klassenarbeiten oder Tests lernen musste. „OK, wenn du dir ganz sicher bist, dass du keine Hausaufgaben hast, dann kannst du noch etwas am Handy bleiben.", sagte Hannahs Vater zu ihr. Hannah ging an ihr Handy und war auch den ganzen Tag an ihrem Handy, bis sie abends mal bemerkte, dass sie vielleicht doch mal wenigstens ihre Schultasche auspacken musste und die jeweiligen Hefter und Mappen für den nächsten Tag ein ordnen sollte. Das machte sie auch. Als es dann 20 Uhr war, ging sie ins Bad und machte sich bettfertig. Sie putzte sich ihre Zähne und zog ihr Schlafanzug an. Als sie dann nach ihrem Gute-Nacht-Kuss von ihren Eltern im Bad lag, versuchte sie zu schlafen konnte es aber nach erneuten Versuchen noch immer nicht. Sie dachte ein bisschen herum und überlegte nach weniger Zeit über den Vertrauenslehrer, der einem gegen Mobbing helfen soll. Hannah überlegte sich, ob sie wirklich zu ihm sollte, weil es ja auch schließlich nicht immer so mit dem Mobbing weiter gehen konnte. Sie wollte spätestens jetzt einen Strich durch die Rechnung machen und aktiv etwas gegen die anderen tun, damit sie mit dem mobben und beleidigen aufhören. Sie hatte noch im Kopf, dass auch die Oberstufen-Schüler gesagt haben, dass wenn man zum Vertrauenslehrer geht, alles geheim und anonym bleibt. Aus diesem Grund hatte sie sich gedacht, dass sie dem Vertrauenslehrer sagen konnte, dass wenn er mit der Klasse spricht, er nicht sagen soll, dass Hannah bei ihm war. Den Hannah wusste ganz genau, dass wenn die anderen Mädchen heraus kriegen, dass sie bei ihm war und etwas gegen dem Mobbing tun wollte, sie Hannah noch mehr mobben und schon alleine wegen dieser Aktion auslachen würden und dann könnte sie echt nichts mehr machen, außer im Extremfall die Schule zu wechseln, dazu müsste sie das Mobbing Problem jedoch ihren Eltern beichten und das wäre für sie die größte Katastrophe. So überlegte Hannah die ganze Nacht bis vier Uhr morgens. Als sie nach dem Überlegen mal auf die Uhr gegen über ihrem Bett schaute, sah sie, dass es schon vier Uhr morgens war und sie die gesamte Nacht überlegte. Sie versuchte schnell einzuschlafen, was ihr auch jetzt gelang, weil sie ja sehr lange aufblieb und über das Mobbing Problem dachte und eine gute Lösung suchte. Als morgens ihre Mutter ins Zimmer kam, um Hannah zu wecken, war Hannah so müde, dass sie nicht richtig aufstehen konnte. Sie ging zum Bad und wusch ihr Gesicht, in der Hoffnung, dass sie etwas wacher wird und nicht mehr so müde aussieht. Morgens trödelte sie auch noch beim frühstücken, weil sie sich die ganze Zeit rütteln musste, damit ihre Augen nicht zufallen und sie dann anfängt zu schlafen. Sie war echt sehr müde. Und weil sie dann so langsam war, hat sie dann noch ihren Bus verpasst und musste auf den nächsten warten. Sie wusste, dass jede 20 Minuten an dieser Bushaltestelle ein Bus vorbeifährt und aus diesem Grund hat sie die 20 Minuten genutzt, um auf der Bank der Haltestelle zu schlafen. Natürlich aber nur im sitzen, weil es ihr im liegen viel zu peinlich war. Was sollen, denn die anderen Fahrgäste an der Bushaltestelle von ihr denken? Weil Hannah aber wusste, dass wenn sie jetzt ihr Auge zu macht, sie viel länger als 20 Minuten schläft und dann auch noch den zweiten Bus verpasst, hat sie sich einen Wecker von 18 Minuten auf ihrem Handy gestellt. Der Wecker sollte verhindern, dass sie zu lange schläft. Nach 20 Minuten Schlaf kam auch der Bus und sie fand natürlich keinen

Sitzplatz weshalb sie dann die komplette Fahrt an, müde, sehr müde, stehen musste. Weil sie auch wusste, dass sie im stehen nicht ihre Augen zu machen konnte überlegte sie sich eine Ausrede für die Lehrerin, die Hannahs Deutschlehrerin war. Denn wenn man zu spät kommt, bekommt man immer einen sehr langen Text zum abschreiben. Und das beste daran war, dass wenn man den Text abgeschrieben hatte, die Eltern ihn auch unterschreiben mussten. Und Hannah wusste, dass sie großen Ärger kriegen würde, deshalb hat sie sich vorgenommen der Lehrerin zu sagen, dass ihr erster Bus entfallen ist. Sie hoffte jetzt nur noch, dass ihre Lehrerin, ihr das glaubte und ihr nicht den Text gab. Als sie an der Bushaltestelle der Schule ausstieg rannte sie so schnell wie möglich zur Klasse, damit sie noch paar Minuten da raus holt. Doch als sie im dritten Stock schweißgebadet ankam und an der Tür klopfte, lachten mal natürlich wieder alle Mädchen und kicherten unter sich und eine rief sogar „Du bist so rot, als wärst du einen Marathon gelaufen!2 Die anderen Mädchen lachten Hannah aus. Die Lehrerin ermahnte die Mädchen und sagt, dass sie leise sein solle. Hannah entschuldigte sich bei der Lehrerin und sagte, dass ihr erster Bus entfiel. Als gerade die Lehrerin diese Ausrede akzeptierte, rief ein anderer Junge „Aber ich fahre auch immer jeden Tag den gleichen Bus wie du und der Bus kam heute." Hannah blickte auf den Boden und die Lehrerin atmete einmal laut aus. Sie gab ihr den Text und sagte Hannah noch streng „Das nächste mal bei Lügen, gibt es einen Aktennotiz." Hannah nahm den Text und ging schweigend zu ihrem Platz. Die Klasse war noch etwas am kichern, weil jeder über Hannahs Lüge und die Strafe lachen musste. Hannah war sehr wütend. Zum einen auf den Jungen, der sie verpetzte und gleichzeitig auf die Lehrerin, weil sie echt streng war. Sie wusste einfach nicht, wie sie ihren Eltern sagen sollte, dass sie zu spät kam und auch noch die Lehrerin anlog. Das mit der Lüge musste sie sagen, weil die Lehrerin unterhalb des Textes geschrieben hatte, dass Hannah zuerst log und nicht die Wahrheit sagte. Sie packte ihre Sachen raus tat diese dann auf ihr Tisch. Sabrina rief und die Klasse „Hannah, hast du überhaupt deine Hausaufgaben." Hannah war still. Sie hoffte vom ganzen Herzen jetzt, dass die Lehrerin dass nicht gehört hatte, weil sie gerade im Klassenbuch etwas notierte. Wahrscheinlich, dass Hannah zu spät kam und die Lehrerin anlag. Die Lehrerin sagte nach wenige Sekunden „Ja hast du die Hausaufgaben erledigt?" Hannah stotterte und wusste nicht was sie machen sollte. Soll sie jetzt die Wahrheit sagen oder doch wieder etwas gelogenes? Sabrina fügte hinzu: „Ich glaube nicht dass du deine Hausaufgaben hast," Hannah sagte zur Lehrerin „Nein ich habe sie leider nicht mit dabei. Es tut mir Leid." Sie versuchte die Wahrheit zu sagen, aber trotzdem zu lügen und zu sagen, dass sie sie gemacht hat, aber nicht dabei hat, sondern zuhause vergessen hat, Die Lehrerin schimpfte mit Hannah und sagte zu ihr „Na gut. Dann hast du halt eine sechs für diese Stunde. Keine Hausaufgaben, zu spät kommen und du hast mich angelogen." Hannah war so traurig, dass sie fast weinen konnte. Zugleich war sie aber auch mit Wut übernommen ´, denn sie fand es sehr unfair, dass die anderen in die Klasse rein rufen dürfen und sie keinen Ärger bekommen, weil man den Text auch bei Störungen abschreiben und von den Eltern unterschreiben muss. Sabrina sagte zu Hannah, dass sie doch mit dem „heulen" anfangen soll. Hannah ignorierte die Sprüche von den andren, weil sie wusste, dass sie Hannah nur aggressiver und wütender machen wollen. Der Schultag verlief auch so schlecht weiter, weil Hannah schlecht gelaunt war und deswegen auch nicht am Unterricht mitgemacht hat. Sie saß einfach nur herum und hatte wegen heute morgen schlechte Laune. Als sie wieder mit dem Bus nachhause fuhr, wollte sie das Ereignis, ihren Eltern erzählen, weil sie sowieso wusste, dass ihre Eltern es irgendwie erfahren werden. Jedoch war sie sich noch nicht zu 100% sicher, ob sie es sagen sollte. War es doch nicht besser, einfach nichts zu sagen? Sie überlegte lange über die Vor- und Nachteile. Letztendlich kam sie dann zum Beschluss, dass sie es ihren Eltern sagt und nicht verleugnet. Zuhause angekommen packte sie ihren Schulranzen zur Seite und zog ihre Jacke und ihre Schuhe aus. „Was gibt´s zum Mittagessen?", fragte Hannah ihre Mutter, die gerade am kochen war und in der Küche stand. „Spaghetti Bolognese", antworte ihre Mutter und ergänzte „Ist in 10 Minuten fertig." Hannah ging in ihr Zimmer und ruhte sich etwas aus und war am Handy, weil sie es in der Schule nicht mit nehmen durfte, da ihre Eltern nicht wollten, dass Hannah zu sehr am Handy beschäftigt ist und dadurch schlechtere Noten bekommt. Nach etwa 10 Minuten gab es Mittagessen, bei dem sich Hannah auch das Problem in der Schule ihren Eltern beichten wollte. Sie wollte nichts vom Mobbing erzählen, aber davon, dass sie eine sechs bekommen hat und zu spät kam, weil sie den Bus verpasst hat. Weil Hannah sowieso wusste, dass ihr Vater sie fragen würde, wie der Schultag ablief, wartete sie noch etwas, damit die Nachricht nicht so überraschend kam. Schon nach wenigen Minuten kam die Frage, die sich Hannah erhofft hatte. Hannah antwortete „Na ja. Ich hab heute morgen den Bus verpasst und wie du weißt, kam der nächste 20 Minuten später und somit kam ich auch in der Schule später an und ich habe Ärger bekommen, weil ich die Hausaufgaben vergessen hatte." Hannahs Eltern atmeten einmal laut aus und guckten sich gegenseitig an und ihre Mutter sagte „Ist nicht so schlimm. Aber versuch das nächste mal deine Hausaufgaben zu machen und auch morgens schneller zu sein." Hannah war glücklich, denn sie dachte, dass sie jetzt viel Ärger bekommen würde und sie nicht mehr an ihr Handy sein durfte. „Danke", sagte Hannah zu ihren Eltern und umarmte sie dann. Hannah hat sich dann abends kurz vor dem Schlafen gehen fest vorgenommen, dass sie morgen zum Vertrauenslehrer der Schule geht, der einem auch bei Problemen wie z.B. Mobbing hilft. Sie konnte es einfach nicht mehr ertragen, jeden morgen mit Bauchschmerzen in die Schule zu gehen und in der Schule beleidigt und gemobbt zu werden. Hannah schlief die Nacht relativ gut und ruhig, weil sie ein gutes Gewissen dabei hatte. Als sie morgens, dann aufstand und sich fertig machte, dachte sie noch einmal über den Tag nach. Was für Fächer sie hat, was sie erledigen muss und dabei ist ihr wieder eingefallen, dass sie ja zum Vertrauenslehrer gehen wollte und sie das auf gar keinen Falls vergessen durfte. In der ersten Pause des Schultages, wollte sie gerade die Treppen hoch zum dritten Stock, wo der Raum des Vertrauenslehrer ist, als dann eine Lehrerin, die Hannah nicht im Unterricht hatte, sie aufhielt und sie fragte, wohin sie möchte; denn eigentlich dürfen die Schüler nicht in der ersten Pause noch hoch zum Lehrerzimmer oder irgendetwas anderes machen. Hannah wusste einen Moment lang nicht, was sie machen sollte und stotterte. In der Nähe von ihr waren Sabrina und ihre Gang und aus diesem Grund konnte sie auch nicht sagen, dass sie zum Vertrauenslehrer musste, weil sie wusste, dass nachher Sabrinas Gang Bescheid weiß, dass Hannah wegen dem Mobbing zum Vertrauenslehrer gegangen ist und so die Mädchen Hannah noch mehr mobben und beleidigen würden. Sie stotterte wieder und ging wieder runter. Die anderen Mädchen lauschten ihr und kicherten dann Hannah war diese Situation sehr peinlich. Nicht wegen den Mädchen, weil sie bis jetzt die ganz gut ignorieren konnte, sondern wegen der Lehrerin. Als sie dann unten war, war sie etwas enttäuscht, dass sie nicht jetzt zum Vertrauenslehrer konnte, aber sie hatte ja noch die zweite Pause, wo man auch ohne Ärger zu bekommen hoch durfte. Inder zweiten Pause wollte sie es endlich schaffen und rannte so schnell wie möglich zum Zimmer, der sich im dritten Stock befand. Völlig verschwitzt und rot wie eine Tomate kam sie an und klopfte an der Tür und machte sie auf. „Ähm, hallo. Ist das das Zimmer vom Vertrauenslehrer." Ein anderer Mann, der wahrscheinlich auch Lehrer war sagte freundlich zu Hannah „Ja da bist du richtig, Ich bin Herr Müller." Der Lehrer schüttelte mit Hannah die Hand und begrüßte sie. „Setzt dich doch hin, dann können wir reden.", sagte Herr Müller zu Hannah, der für Hannah recht nett & sympathisch vor kam. Hannah war am Anfang sehr unsicher, wie sie ihm das Problem schildern soll, ohne als „Weichei" dazustehen. „Fang an zu erzählen, ich beiße auch nicht", sagte lachend der Lehrer zu Hannah. So fand Hannah den Lehrer auch sympathischer und hat ihr Problem ihm geschildert. Nachdem sie das getan hatte, hat Herr Müller ihr Problem verstanden und wollte ihr dabei helfen, denn auch er fand, dass gerade Mobbing an viel zu vielen Schulen die Schüler innerlich und physisch komplett krank macht. Da Hannah aber die Befürchtung hatte, dass ihre Klasse nicht mit dem Mobbing aufhören würde, wenn Herr Müller sagen würde, dass Hannah zu ihm gegangen ist, wollte sie es so anonym und geheim wie möglich halten, denn sie war nicht sicher, ob der Plan klappen würde. Beide überlegten etwas, wie sie die anderen Mädchen dazu bringen konnten, dass sie endlich mit dem beleidigen und dem Mobbing aufhören und Hannah „normal" weiter leben lassen. Hannahs Ziel war auf gar keinen Fall die beliebteste oder coolste in der Klasse zu werden. Sie wollte eigentlich normal ihr Schulalltag leben, ohne beleidigt und gemobbt zu werden. Dann kam Hannah auf die Idee, dass Herr Müller einfach in die Klasse kommen kann und etwas über Mobbing erzählen kann und wie sich dabei die andere Partei, also, die, die gemobbt werden, fühlen und das Mobbing generell etwas sehr schlechtes ist. So musste Herr Müller sich gar nicht direkt auf Hannah beziehen und sagen, dass sie zu Herr Müller gegangen ist, weil sie beim Mobbing-Problem Hilfe brauchte. Sie erzählte Herr Müller von ihrer Idee, die dann Herr Müller auch gut fand. Jetzt war nur noch das einzige Problem, dass Hannahs Klassenlehrer, Herr Schäfer, der Physiklehrer, das erlauben würde. Herr Müllers Idee war, dass er jetzt gleich zu ihrem Klassenlehrer geht und ihn fragt, ob er denn für eine halbe Stunde in sein Unterricht kommen kann und etwas über „Mobbing" erzählen kann, weil das gerade so sein Projekt an der Schule ist und so Mobbing möglichst in der Klasse vermieden soll. Hannah fand den Vorschlag sehr gut und freute sich, dass sie hoffentlich bald ohne Mobbing leben konnte und nicht jeden Tag mit Bauchkrämpfen aufstehen musste. Hannah bedankte sich bei Herr Müller und verabschiedet sich. Als sie dann raus ging, sah Hannah die andren Mädchen und wurde panische, weil sie nicht wusste, was sie den anderen Mädchen sagen soll. Denn hundertprozentig würden die anderen Mädels, Hannah fragen, warum sie beim Vertrauenslehrer war. Als sie an Sabrinas Gang vorbei ging, fragt eine Hannah „Warum bist du beim Vertrauenslehrer gewesen?" Hannah antwortete darauf „Nur so. Ich hab Ärger bekommen" und ging leise weiter. Die Mädchen kicherten wieder unter sich, doch Hannah war innerlich sehr froh, dass die Mädchen ihr das geglaubt haben und nicht wieder nach gefragt haben, denn Hannah war sehr schlecht im lügen. Sie konnte einfach nicht andere Menschen anlügen oder etwas falsches sagen. In der nächsten Stunde sah Hannah auf dem Vertretungsplan im Foyer, dass sie gleich in Mathe mit einem Lehrer Vertretung haben. Hannah freute sich etwas, weil sie Mathe nicht sehr mochte und auch nicht sehr gut darin war. Sie mochte mehr Deutsch und Sprachen. Als sie dann hoch zum Klassenraum ging, sah sie schon den Lehrer wie er die Klasse mit dem Schlüssel aufmachte. Sie lief noch schnell zur Klasse und war rechtzeitig da und nahm ihre Tasche und quetschte sich erst mal durch die Masse durch, die bei der Tür war, weil jeder zuerst rein wollte. Als sie sich dann auf ihrem Sitzlatz hinsetzte und ihre Sachen rausholte , hat der Lehrer seinen Namen auf die Tafel geschrieben „Herr Magros" hat der Lehrer mit einer ziemlich unordentlichen Schrift auf die Tafel geschrieben und das Stück Kreide auf den Tisch getan und die Klasse mit einem lustlosen „Guten Morgen" begrüßt. Jeder Lehrer hatte vom Lehrerzimmer das Klassenbuch abgeholt und dort drin war die Klassenliste mit den jeweiligen Schülern zur Anwesenheitskontrolle. Öde fragte er nach und nach jeden Namen ab und die Schüler antworteten mit einem simplen „Ja!" Da die meisten Schüler der Klasse einfach auszusprechen Nachname hatten, klappte dies auch reibungslos..Doch weil Hannah einen ziemlich schweren Nachnamen hat, hat er ihn statt „Progrepoz" , „Porgerpoz" ausgesprochen. Die ganze Klasse war am lachen und Hannah wurde zu einer Tomate und die Situation war ihr sehr peinlich., Der Lehrer bat die Klasse leise zu sein und entschuldigte sich bei Hannah und fragte nochmal , um den richtig ausgesprochenen Nachnamen nach. „Progrepoz", antwortete Hannah zum Lehrer leise, so dass sie nicht die ganze Aufmerksamkeit der Klasse erregte. Der Lehrer nickte und machte weiter mit der Anwesenheitskontrolle. So neigte sich auch der Tag zu Ende und sie ging mit einem sehr guten Gefühl in die Federn ohne zu ahnen, dass ja morgen Freitag ist und sie die Halbjahreszeugnisse bekommt. Am nächsten Morgen wachte Hannah mit einem mulmigem Gefühl auf, weil heute der Tag war, an dem sich vielleicht alles ändert wird und Hannah ein „normales" Schulleben weiter fortführen kann. Sie hatte immer noch nichts ihren Eltern erzählt, weil sie einfach dem Vertrauenslehrer vertraute und auch ein etwas gutes Gefühl bei der Sache hatte. Die Eltern von Hannah ahnten auch bis jetzt nicht und fragten auch nicht nach, wieso sie solange nicht mehr mit Sabrina geredet oder sich mit ihr getroffen hat. Sie zog ihre Klamotten an, ging in Bad und frühstückte dann. Es gab heute wie fast jeden Tag Müsli, weil sie morgens nicht so viel in sich bekommen hat. Sie konnte einfach nicht um sechs Uhr morgens groß frühstücken, deshalb auch oft Müsli. Am liebsten mochte sie Schokoladen Müsli. Generell aß Hannah nicht immer sehr viel, aber auch nicht zu wenig. Bei Süßigkeiten wie Schokolade kann sie einfach nicht „Nein!" sagen und auch am ein oder anderen Abend gibt´s bei Hannah im Bett Chips, denn wenn sie ihre Serien guckt, braucht sie unbedingt einen Snack, den sie essen muss. Sie machte sich fertig und noch immer wusste sie nicht, dass sie heute ja ihre Halbjahreszeugnisse bekommt,.Ihre Mutter gab ihr einen Kuss als Abschied und sagte noch zu Hannah: „Ich drück dir die Daumen." Hannah, noch immer nichts ahnend fragte nach, weshalb denn. Die Mutter antwortete lachend „Ihr bekommt doch heute eure Zeugnisse. Aber wir reden heute Nachmittag weiter, du musst jetzt schnell zum Bus." Hannah wurde plötzlich noch nervöser, weil sie wusste, dass sie ein schlechtes Zeugnis bekommt, weil sie kaum mitgemacht hat. Nur in den letzten vier Wochen hat sie sich verbessert, aber das Halbjahr geht ja auch viel länger und die Lehrer von Hannah müssen ja auch die Noten vom ersten Quartal mitberechnen. Hannah ging zur Bushaltestelle und hatte ein sehr nervöses und zugleich aufregendes Gefühl. Sie wusste einfach nicht was sie ihren Eltern sagen sollte, dass sie in jedem Fach eine schlechte Note bekommt. Immerhin ist das ihr erstes Zeugnis mit richtigen Noten, denn in Hannahs Grundschule gab es nur Bewertungen, aber keine richtigen Noten. Und dann noch im ersten Halbjahr der fünften Klasse ein schlechtes Zeugnis zu haben ist doch die Katastrophe dachte sich Hannah. Und wer weiß vielleicht lachen die anderen Mitschüler Hannah aus, weil sie das schlechteste Zeugnis der Klasse oder immerhin der Mädchen hat. Hannah war kurz davor in einem Panikanfall auszubrechen. Sie machte sich über all ihre Probleme und Ängste Sorgen. In der Schule angekommen, mobbten die drei Mädchen Hannah weiter, denn bis jetzt hat Herr Müller nicht nicht mit der Klasse gesprochen. Hannah dachte immer noch über ihr Zeugnis nach. Sie wollte nicht nur für ihre Eltern gute Noten und ein gutes Zeugnis haben, sondern auch für sich selbst. Hannahs Traumberuf war Tierärztin und Hannah wusste, dass man dafür sehr gut in der Schule sein muss und gutes Abi haben muss, um an eine Universität angenommen zu werden. Der Klassenlehrer kam zur Klasse und machte die Klasse auf und jeder setzte sich auf sein Platz und holte seine Schulsachen raus. Die Klasse begrüßte sich. Hannah verbrachte jede einzelne Sekunde zu hoffen, dass möglichst schnell Herr Müller kommt und mit der

Klasse redet. Sie war einfach zu aufgeregt auf die Reaktion der Mädchen und wollte sehen, ob ihr Plan klappt und die anderen Mädchen Hannah nicht mehr mobben. Nach etwa 30 Minuten klopfte s an der Tür und Hannah hoffte, dass es Herr Müller war. Doch es war nur ein anderer junge, der auf der Toilette war und jetzt wieder kam. Hannah wartete weiter und blickte die komplette Zeit nur auf die Tür, um zu gucken, ob jemand klopft. So hat sie im Unterricht auch nicht gut mitgemacht, weil sie sowieso wusste, dass sie Zeugnisnote feststeht und sie nicht mehr mitarbeiten muss. Nacht etwa 60 Minuten klopfte es erneut an der Tür. Hannah hoffte vom ganzen Hoffen, dass es jetzt Herr Müller ist, weil sie nur noch 30 Minuten Unterricht hatten. Der Klassenlehrer sagte: „Herr rein.", und es kam tatsächlich Herr Müller. Hannah ist ein Stein vom Herzen gefallen, weil sie die ganze Stunde auf Herr Müller gewartet hat, damit er jetzt endlich mit der lasse reden kann. „Ah ja. Wir beenden jetzt den Unterricht: Herr Müller möchte etwas mit euch über Mobbing reden.", sagte der Klassenlehrer, da Herr Müller das ja mit ihm so abgesprochen hat, die Mädchen kicherten leise und Hannah ahnte schon, dass sie wegen ihr kicherten. Herr Müller fing an sich zuerst einmal vorzustellen und redete etwas über Mobbing. Wie Mobbing entsteht, warum manche andere Leute nicht mobben sollte und wieso, die, die gemobbt werden, auch durch das Mobbing krank werden können. Ab und zu gab es immer mal ein paar Lachanfälle von den Mädchen, weil sie wahrscheinlich über Hannah redeten. Als Herr Müller zu Hannah blickte, deutete Hannah auf die Mädchen und Herr Müller hat die Mädchen vor de ganzen Kasse ermahnt. „Was ist jetzt daran so witzig? Leute, die gemobbt werden, können echt dadurch krank werden. Und jetzt ratet mal wegen wem? Wegen den <<coolen>>, die denken, dass sie die Schwächeren mobben können.", sagte Herr Müller sehr ernst und schon ein wenig streng zu den Mädchen, die kicherten. Die Mädchen wurden leise und kicherten danach nicht mehr. Zum Schluss bedankte sich Herr Müller für die Aufmerksamkeit und ging wieder. Hannah war jetzt sehr gespannt, ob es klappen würde oder nicht. Doch eine kleine Stimme im Kopf von Hannah sagte ihr, dass es nicht klappen wird und die Mädchen sie wieder mobben, doch Hannah ignorierte diese Stimme und hat gedachte, dass die Mädchen aufhören. In der Pause fing es wieder mit dem Mobbing an. Hannah konnte es einfach nicht fassen, dass die Mädchen immer noch nicht damit aufgehört !!broken!! Es hat sich einfach nichts seit dem Gespräch geändert Hannah war sehr enttäuscht, traurig, aber auch zugleich sehr wütend auf die Mädchen, weil sie einfach nicht fassen konnte wie dreist und unmenschlich die Mädchen sind, die trotz eines Gespräches in der Klasse nicht aufgehört haben. Hannah war an dem Punkt, wo sie dachte, dass ihr jetzt keiner mehr helfen kann, das Mobbing Problem bis zur zwölften Klasse so weiter geht und Hannah immer die „Uncoole" und „Außenseiterin" ist. Sie hat einfach keine Lösung des Problems mehr gefunden und dachte, dass sie die Schule auch nicht mehr schaffe würde, weil das Hauptproblem der schlechten Noten eigentlich das Mobbing ist, denn eigentlich mag Hanna echt das Lernen, auch, wenn es für sie manchmal langweilig ist. Hannah war eine Schülerin, die in der Regel positiv dachte und aus dem Unterricht oder zuhause beim Lernen das beste macht, denn lernen musste sie sowieso, also wieso nicht direkt das beste daraus machen. Doch wegen den ganzen Beleidigungen und

Mobbing konnte Hannah einfach nicht in Ruhe lernen, auch zuhause nicht. Zuhause machte sich Hannah immer Sorgen und Gedanken über die anderen. Hannah hat in der Pause so sehr darüber nachgedacht, dass sie wieder einen ganzen Klos im Hals bekommen hat und kurz vor dem Weinen war.Hannah hat in der Pause so sehr darüber nachgedacht, dass sie wieder einen ganzen Klos im Hals bekommen hat und kurz vor dem Weinen war. Es klingelte wieder und sie ging zurück in die Klasse, wo schon der Klassenlehrer im Klassenraum war, denn jetzt war die Zeugnisausgabe dran. Hannah atmete einmal tief durch, um den Druck raus zu lassen. Doch die Trauer und der Wut auf die anderen Mädchen war immer noch da. Der Lehrer gab die Zeugnis nach dem Alphabet der Nachnamen. Somit war Hannah relativ weit unten und sie betete einfach nur, dass sie ein mittelgutes Zeugnis bekommt und nicht in jedem Fach eine vier. „Hannah Progrepoz", rief der Lehrer in die Klasse. Hannah war so konzentriert beim hoffen, dass sie keine schlechte Note bekommt, dass sie ihren Nachnamen gar nicht gehört hat. Erst als Niklas, den Hannah in den letzten drei Wochen komplett ausgeblendet hatte, sagte: „Hannah, du wurdest aufgerufen. Dein Zeugnis!", reagierte Hannah und ging schnell zum Lehrer. Sie setzte sich auf ihrem Platz hin und drehte ihr Zeugnis um und sah ihre Noten. Wow, dachte sich Hannah. Sie war besser als erwartet. Sie hatte in den meisten Fächern eine drei und ein zwei Fächern eine zwei. Sie war zum einen sehr glücklich, weil sie ein viel schlechteres Zeugnis erwartet hatte, aber auch zum einen etwas verwundert. Sie fragte sich einfach, warum sie eine so „gute" Note bekommen hatte, weil sie eigentlich im Unterricht fast nie mitgemacht hat. Mit einem breitem Lächeln packte sie ihr Zeugnis in eine Schutzfolie und diese dann in ihre Tasche. Ein echtes Chaos ist in der Klasse ausgebrochen, weil jeder die Noten von seinen Freunden wissen wollte. Hannah saß leise an ihrem Platz und dachte immer noch nach, weshalb sie so gute Noten bekommen hat. Sie war natürlich froh darüber, denn das war für Hannah etwas sehr gutes, aber trotzdem war sie auch etwas verwundert. Als der Lehrer dann der Klasse sagte, dass sie gehen können, wartete Hannah etwas noch an ihrem Platz, weil sie wusste, was es für ein Gedrängel an der Tür und in den Gängen der Schule gibt. Denn etwa 600 Schüler in der

Schule an der gleichen Uhrzeit frei zu geben, erschafft ein großes Chaos.Plötzlich kam Niklas zu ihr und fragte sie, was für Noten sie den hat. Hannah war zuerst sehr verwirrt, weil sei sehr aufgeregt war, dass ihr Schwarm mit ihr redet, denn eigentlich sind ja Sabrina und Niklas das Paar der Klasse. Sie stotterte und sie sagte dann: „Naja ein halbwegs gutes Zeugnis." und fragte dann Niklas, was für Noten er denn hatte. In dem Moment kam dann Sabrina und zog Niklas mit sich und Hannah konnte noch von Sabrina anhören „Komm jetzt. Ich hab in jedem Fach nur eine zwei und nur drei Einsen. Diese Schule macht mich wahnsinnig. In der Grundschule war ich die Klassenbeste." Hannah war nun überglücklich, denn jetzt wusste sie, dass Niklas sie auf dem Schirm hat. Zum ersten mal hat Hannah so richtig mit Niklas geredet, auch, wenn es kurz war. Für Hannah war das ihr Glücksmoment. Wäre nicht Sabrina gekommen, hätten sie bestimmt weiter geredet, dachte sich Hannah, aber war dennoch froh, dass sie schon mal den ersten Schritt gemach haben und beiden geredet haben. Auf dem Schulweg hat Hannah das Mobbing vergessen, wegen ihrer Freude von ihrem guten Zeugnis und wegen dem ersten, sehr kurzem, Gespräch mit Niklas. Hannah dachte, sich, dass sie sich vielleicht mal treffen können, wenn es Niklas will, denn Hannah wusste, dass Sabrina es hasst, wenn sie mit ihm redet oder schon alleine in der Nähe ist. Sabrina wollte Hannah andeuten, dass Niklas ihr Freund ist. Jedoch wollte Hannah nicht das Niklas jetzt ihr Freund wird, weil sie einfach wusste, dass das nur zu Problemen und Komplikationen führte. Ein paar Gespräche reichen für Hannah, damit sie weiß, dass Niklas sie etwas mochte. Hannah war auf dem Weg zur Bushaltestelle, um nachhause zu fahren, doch Herr Müller stoppte sie und sagte ihr: „Und? Bist du mit deinem Zeugnis zufrieden?" Hannah war leicht verwirrt. Sie erfuhr, dass Herrn Müller mit den anderen Lehrern über Hannahs Problem redete und sie überreden konnte ein Auge zuzudrücken. Sie musste sich nächstes Halbjahr anstrengen, um in Klassenarbeiten und Tests gute Noten zu schreiben, aber auch im Unterricht etwas Sagen Und nicht wie jetzt immer leise und stumm bleiben.Auf dem Weg nachhause überlegte sie, wie ihre Eltern wohl auf das guten Zeugnis reagieren und sie versuchte schon mal zu überlegen, wie sie im nächsten Halbjahr ein gutes

Zeugnis bekommt, ohne Herr Müllers Hilfe, weil sie wusste, dass das nächstes Halbjahr nicht klappen würde. Zuhause angekommen, fragte ihr Vater sie, ob sie ein gutes Zeugnis hat oder eher ein schlechtes. Sie lachte ihn und ihre Mutter an und sagte: „Das wirst du jetzt sehen." Die Eltern hatten ein gutes Gefühl bei der Sache und ahnten schon, dass es kein schlechtes Zeugnis ist, weil sie sonst traurig wäre und nicht so froh. Sie packte aus ihrer voll gepackten Tasche ihr Zeugnis raus und gab es ihrer Mutter, die sehr froh über Hannahs gute Noten war und sie umarmte. Hannahs Mutter gab dann anschließend das Zeugnis ihrem Vater und er war auch ziemlich glücklich, dass seine Tochter keine vier geschrieben hat und ein ziemlich gutes Zeugnis hat. Sie setzten sich an den Tisch und begannen mit dem Essen. Es gab Pizza. Hannahs Lieblingsessen. Hannah liebte italienische Gerichte wie Pizza und Pasta, weil es ihr sehr schmeckte. Nachts beim schlafen dachte Hannah nochmal über den morgigen Tag und ihr fiel ein, dass Herr Müller morgen in die Klasse kommen wollte und mit der Klasse über Mobbing reden möchte. Am nächsten Morgen wachte sie mit einem ziemlich gutem

Gefühl auf, denn sie war immer noch stolz auf sich, dass sie ein gutes Zeugnis hatte. Sie ging runter zum Frühstück, nachdem sie sich fertig gemacht hat, und frühstücke wie immer Cornflakes. Auf dem Schulweg hatte Hannah Selbstzweifel und dachte, dass es vielleicht an ihr lag. Sie machte sich Sorgen, dass ihre Mitschülerinnen vielleicht doch nicht aufhören und sie so weiter beleidigen und das Gespräch von Herrn Müller mit der Klasse gar nichts bewirkt hat. Doch nach einiger Zeit stoppte sie sich und versuchte so positiv wie möglich zu denken und froh zu sein. Sie lehnte ihr Kopf an die Fensterscheibe des Busses und den grauen Himmel an und guckt dabei zu wie die Regentropfen gegen die Scheibe prasseln. In der Schule angekommen, wartetet sie auf dem überfüllten Gang auf den Lehrer. Jetzt war sie ziemlich nervös und wollte sehen, ob Sabrina und ihre Gang sie immer noch mobben und beleidigen. Am Anfang des Unterrichts waren Hannahs Mitschülerinnen ziemlich leise und redeten auch nicht über sie oder beleidigten sie. Hannah war zu dem Zeitpunkt sehr froh, dass es endlich geklappt hat und die anderen Mädchen Hannah nicht mehr mobben oder beleidigen und

Hannah jetzt endlich ein „normales" Schüler Leben leben kann ohne jeden Tag Angst vor der Schule zu haben, weil Sabrina sie mobbt. Doch in der ersten Pause fing es an. Hannah traute ihren Augen nicht. Sabrina und ihre paar Freunde kicherten wieder über Hannah und blickten mehrfach in Hannahs Richtung und zeigten auch auf sie. Hannah dachte sich, dass sie vielleicht auch jemand anderes meinen. Sie wollte nicht glauben, dass die Mädchen sie immer noch mobben. Doch als dann der Spruch von Sabrina fiel, wusste Hannah, dass das Gespräch der Klasse mit Herrn Müller nichts gebracht hat und sie Hannah immer noch weiter mobben. Sabrina sagte zu Hannah: „Was hast du denn bitte an? Hässlicher geht´s auch nicht." Hannah versuchte sie zu ignorieren und blickte in eine andere Richtung. Sie hoffte, dass es bald klingelte und sie hoch in ihr Klassenraum gehen können und sie nicht mehr hier stehen muss. Als Hannah dann im Klassenraum ankam, war sie zu tiefst traurig, weil sie bis jetzt immer noch dachte, dass das Mobbing aufhört. Doch sie hat sich getäuscht. Es hat absolut nichts gebracht und Hannahs Mitschülerinnen mobben und beleidigen sie immer noch weiter. In Hannahs Hals bildete sich ein großer Klos und sie wollte einfach nur noch alleine sein und untertauchen. Ihre Hände zitterten so als hätte sie literweise Espresso getrunken und sie schwitzte als stünde sie stundenlang in der prallen Sonne. In der zweiten Pause versucht Hannah wieder mal zu Herrn Müller zugehen, ohne, dass die anderen Mädchen, was ahnen sollten, denn sie wollte, dass die Mädchen noch immer nicht wissen sollen, dass sie bei Herrn Müller Hilfe sucht. Sie ging hoch zum Zimmer von Herrn Müller und stelle sich davor, atmete einmal tief durch und klopfte. Sie machte die Tür auf und sah Herrn Müller, der sie begrüßte und sie hinein bat. Hannah sagte Herrn Müller: „Es hat nichts gebracht." Herr Müller war verwirrt und hackte nach: „Was meinst du damit?" „Na, Ihr Gespräch mit der Klasse. Die Mädchen mobben mich immer noch wie früher weiter, beleidigen mich und es hat sich rein gar nichts verändert.", sagte Hannah mit einer zittrigen Stimme zu Herrn Müller. Herr Müller atmete einmal laut aus. Hannah sagt dann weiter „Sie brauchen nichts mehr tun. Es bringt sowieso nichts. Ich werde wahrscheinlich bis zu meinem Abitur von den gemobbt und beleidigt und bleibe bis dahin auch die

<<Außenseiterin<<" „Nein. Das werde ich nicht zulassen. Ich werde deinen Klassenlehrer um einen erneuten Termin bitten und intensiv mit der Klasse reden und sollte das nicht klappen, dann werde ich dafür sorgen, dass Sabrina und ihre <<Gang>> von der Schule gehen und du hier in Ruhe eine Schülerin bleiben kannst und nicht du die Schule wechselst. Wir werden schon eine Lösung finden, Hannah. +Mach dir da keinen Kopf, ich werde es dir versprechen.", sagte Herr Müller zu Hannah mit sehr viel Selbstbewusstsein, damit Hannah selbstbewusster wird. Hannah sagte zu Herrn Müller „Okay. Vielen, vielen Dank." Herr Müller bedankte sich ebenfalls bei Hannah und es klingelte und Hannah ging wieder mit einem etwas gutem Gefühl aus dem Raum raus und versuchte nicht an die Nachteile und an das Negative zu denken, sondern, dass alles klappen wird und Herr Müller und sie eine Lösung finden werden, damit das Mobbing von Hannah aufhört. Nach der Schule als Hannah aus der Schule rausging, um zur Bushaltestelle zu gehen, sah sie Herrn Müller, der auf sie zukam. „Oh, hallo Hannah. Ich habe eben mit deinem Klassenlehrer gesprochen und ich werde morgen wieder kommen

und ein ernstes Wörtchen mit der Klasse reden und den mal echt die Situation zeigen, wie es ist, gemobbt zu werden und jeden Tag mit einem schlechten Gefühl in die Schule zu gehen." Hannah bedankte sich erneut bei Herrn Müller und war auf dem Weg zum Bus mit einem noch besserem Gefühl und dieses mal hatte sie echt das Gefühl, dass der Plan aufging und die Mädchen hoffentlich endlich mit den Beleidigungen aufhören. Nachts als sie nicht einschlafen konnte dachte sie nochmals intensiv über den Plan von Herrn Müller und ihr nach und da kamen schon wieder die negativen Gedanken. Hannah war einfach sehr skeptisch, ob der Plan wirklich aufging. Doch nach kurzer Zeit stoppte sie sich und versuchte einzuschlafen und nicht erneut über ihre Probleme und Ängste nachzudenken. Am Tag selbst war Hannah erneut sehr skeptisch und hatte Selbstzweifel, ob es wirklich diesmal klappt. Denn letztes mal hat es ja nicht geklappt und die Gang von Sabrina hat nicht aufgehört. Sie haben oft Hannahs Schulranzen in den Pausen versteckt und sie dabei ausgelacht wie sie panisch ihre Tasche suchte. Morgens auf dem Gang als alle auf den Lehrer warteten, stand Hannah wie immer alleine in der Ecke herum und guckt den anderen Mädchen zu, wie sie über oberflächlichen Kram wie Schminke und welche, die bessere ist. Redeten. Hannah mochte diesen „oberflächlichen" Kram zwar, aber nicht andauernd und sie hört die Mädchen nur, dass sie entweder über Schminke redeten oder über Mode und was gerade so richtig cool und „in" ist und, was richtig „out" und peinlich zu tragen ist. Doch Das war das erste mal, dass Hannah nicht hörte, wie die Mädchen von ihr redeten, scheinbar haben sie Hannah total vergessen oder ignoriert. Als der Lehrer dann wie an den anderen tagen leicht verspätet ankam setzten sich alle hin und sie fingen mit der Begrüßung an. „So, heute kommt nochmal Herr Müller, der will mit Euch wieder reden. Der sollte eigentlich jeden Augenblick kommen.", sagt der Lehrer in der Morgenstimmung-Stimme und schaute auf seine Uhr. Sarah ruft in die Klasse: „Ich kann mal im Lehrerzimmer nachfragen." „Nein, das ist nicht nötig, er wird schon in wenigen Minuten kommen.", antwortete der Lehrer. In der Wartezeit bis Herr Müller kam, kontrollierte der Lehrer schon mal die Hausaufgaben bei jedem, damit sie auch gleich nach dem Gespräch von Herrn Müller mit dem Unterricht anfangen können, da sie bald einen Test schreiben und die Klasse dafür noch sehr viel lernen und üben muss. In der Klasse von Hannah gab es zwei Jungs, Jan und Tom, die sehr viel Ärger machten und andauernd den Unterricht mit Störungen wie rein rufen störten. Und so kamen sie auch nicht immer so schnell im Unterricht weiter, weil jede fünf Minuten der Lehrer die Jungen ermahnen musste oder sie sogar teilweise zum Schulleiter schickte. Und jeder in der Klasse wusste, dass der Schulleiter, Herr Wagner, einer der schlimmsten und strengsten Lehrer hier an der Schule war. Er schimpfte sofort, wenn jemand in seinem Unterricht störte oder auch einfach nur leise kicherte. Außerdem hatte er auch den typischen Typ vom strengsten Lehrer. Er war etwas dick, Mitte 50 und hatte eine Halbglatze mit etwas braunen Harren. Hannah hat den Schulleiter noch nie lachen gesehen, sie kannte nur seinen strengen Blick mit den Falten an der Stirn. Nach etwa zehn Minuten kam auch schon Herr Müller in die Klasse rein und alle begrüßten ihn. Er fing mit den Sätzen „So, ich muss mal wieder mit euch über das Thema Mobbing reden, weil ich das letzte mal paar Dinge vergessen hab" und setzte sich auf das Pult. Die Klasse fing an zu stöhnen und zu meckern, dass er doch nicht immer jede Stunde kommen kann und mit ihnen über ´Mobbing´ reden kann. Herr Müller betonte der Klasse, das Mobbing ein sehr wichtiges und sensibles Thema an Schulen ist und die Klasse ein bisschen darüber Bescheid wissen muss. Da Herr Müller sich dies mal vorgenommen hatte, noch genauer in das Gefühl hineinzugehen, wenn jemand gemobbt wird, versuchte er so persönlich wie es geht, der Klasse zu sagen, dass sie sich mal jetzt einfach in die Position des „Mobbingopfers" hineinversetzten sollen. Tom fing an zu kichern und haute ein Spruch raus „Ich will aber nicht Hannah sein." Die Klasse fing an zu lachen. Herr Müller wurde noch ernster und strenger und sagte mit einem bösem Blick auf Tom „Stell dir vor du wirst von deinen anderen Mitschülern gemobbt. Die Klasse sucht sich immer ein neues Mobbingopfer aus, was sie beleidigen können und immer über ihn oder ihr lachen können. Wenn jetzt Person A gemobbt wird, kann Person A irgendwann nicht mehr und wechselt beispielsweise die Schule. Dann fängt die Klasse an sich anderes zu suchen, denn sie mobben und beleidigen können. Es kann jeden treffen, wirklich jeden. Stell dir vor du wachst jeden Morgen mit Bauchschmerzen auf, weil du Angst hast in die Schule zu gehen, um dort gemobbt zu werden. Stell dir vor, dass du nie, wirklich nie, dich im Unterricht oder zuhause konzentrieren kannst, weil du die gesamte Zeit an deine <<Gegner>> denkst. Stell dir vor, dass du gar keine Freunde hast und immer nur ausgelacht wirst. Ist das lustig? Findet du so etwas lustig? Und das frag ich jetzt die ganze Klasse." In der Klasse war eine Stille, dass man eigentlich sogar hören konnte, wie eine Nadel auf den Boden fällt. „Ich hab keine Antwort von euch.", sagte Herr Müller immer noch in einer sehr ernsten Stimme. Die Klasse sagte gemeinsam „Nein." Herr Müller war dann der Meinung, dass es jetzt die Klasse hoffentlich verstanden hat und damit aufhören. Er sagte nochmals zum Schluss „Gut, ich hoffe wirklich, dass ihr das ernst meint. Und die <<Mobbingopfer>> würden sich auch schon über eine kleine Entschuldigung sehr freuen. Denke ich." Herr Müller bedankte sich bei der Aufmerksamkeit der Klasse und für die Zeit des Lehrers. Hannah saß im Unterricht mit einem komischen Gefühl da und war richtig nervös, ob es dieses mal wirklich klappen würde oder nicht. Als es dann zur Pause klingelte packte Hannah ihre Schulsachen in ihre Tasche rein und versuchte so schnell wie möglich alles rein zu stopfen, um schnell den Raum zu verlassen. Als Hannah dann im Eingangsbereich alleine herum stand und mit kleinen Bissen ihr Brot von zuhause aß, kam plötzlich die Klicke von Sabrina in Richtung zu ihr. Hannah versuchte schnell ihr Brot zu kauen und es schnell herunterzuschlucken. „Hannah. Es tut uns wirklich, wirklich, wirklich, Leid, dass wir dich so lange gemobbt haben. Durch das Gespräch von Herr Müller ist uns unsere Fehler aufgefallen und ich wollte, wir wollten uns bei dir entschuldigen, dass wir dich immer beleidigt haben oder über dich gelacht haben. Es tut uns wirklich vom ganzen Herzen Leid. Wir wissen wirklich nicht mal ein bisschen, wie es die dabei immer ging. Ich weiß nicht, wie wir das bei dir wieder gut machen.", sagte Sabrina in Begleitung ihrer "Klicke" zu Hannah. Hannah bekam ein riesig großes Lächeln im Gesicht und konnte es nicht fassen. War sie in einem Traum oder war es wirklich echt? Nein. Es war wirklich die Realität. Hannah stotterte vor Begeisterung und wusste gar nicht was sie sagen soll. Ihr großer Traum wurde erfüllt. Ab jetzt konnte sie wieder ein normales Schülerleben leben, ohne jeden Morgen mit Bauchschmerzen aufzuwachen und vor der Schule Angst zu haben. Nein, jetzt konnte sie sogar wahrscheinlich mit einem guten Gefühl aufwachen und sich auf die Schule und auf den Tag freuen. Hannah wusste jetzt in diesem Moment nicht, wie sie Sabrina und ihrer „Gang" danken soll. Au Hannah kam nur ein „Danke. Dass Ihr mich nicht mehr mobbt, ist schon eins meiner größten Wünsche gewesen. Mehr braucht ihr nicht zu tun. In der Pause stand Hannah die ganze Zeit dar und dachte nach, was sich jetzt alles verändern wird, seit dem sie nicht mehr jeden Tag beleidigt wird. Sie dachte so intensiv nach und freue sich schon so auf die nächste Zeit, dass sie die ganze Pause vergessen hat, ihr Brot aufzuessen. Aber dafür hatte sie auch noch in der zweiten Pause Zeit, dachte sich Hannah und ging schon mal zum Klassenzimmer, um auch nicht zu spät in den Unterricht zu kommen. Im Unterricht fiel ihr noch auf in der zweiten Pause zu Herr Müller zu gehen, denn bei ihm muss sie sich sehr groß bedanken, denn er war es eigentlich, der ihr bei ihrem Problem und ihren Ängsten geholfen hat und ihr immer Mut und Selbstbewusstsein gegeben hat, dass sie das gemeinsam schaffen und sie eines Tages normal ohne ein schlechtes Gefühl zur Schule gehen kann. Im Unterricht war Hannah auch zum größten Teile abwesend, weil es für sie einfach surreal war, dass Sabrina jetzt mit dem Mobbing aufhört. Als es dann zur zweiten Pause klingelte ging Hannah aus dem Klassenraum raus und war direkt auf dem Weg zu Herrn Müller, um sich bei ihm zu bedanken und ihm auch noch zu sagen, dass die Klasse sie nicht mehr mobbt und das jetzt alles wieder in Ordnung und normal ist. Als sie dann vor der Tür von Herr Müller stand, erinnerte sie sich an ihrem ersten mal als sie hier auch mit einem sehr unsicheren Gefühl stand. Sie atmete wie beim ersten mal tief durch, aber hatte nicht das schlechte und mulmige Gefühl, wie vor ein paar Wochen. Sie war eher mit Glück über fasst. Sie klopfte an der Tür, doch keiner öffnete die Tür und sie hörte auch nicht, wie Herr Müller etwas sagte. Sie klopfte erneut und dies mal etwas lauter in der Hoffnung, dass Herr Müller sie jetzt hört. Doch immer noch kam keine Reaktion von Herrn Müller. Sie legte ihre Hand auf den Türgriff und versuchte die Tür zu öffnen, doch sie war geschlossen. Das erklärte auch warum keine, was gesagt hat, es war keiner im Raum drin. Sie versuchte es dann morgen nochmal. Sie hoffte, dass Herr Müller dann morgen in seinem Büro ist und sie ihn danken kann. Als es nach sehr wenigen Minuten zum Unterricht klingelte ging Hannah zum Klassenraum und hörte wie die anderen über die Klassenarbeit in Deutsch redeten. Hannah hatte es total vergessen, dass sie ja noch die Klassenarbeit, die sie vor etwa zwei Wochen geschrieben haben, von Frau Kamper, die letzte Stunde in Deutsch gesagt, dass sie die Arbeiten heute mitbringt. Hannah setzte sich auf ihr Platz und hoffte, dass sie eine gute Note bekam, denn sie hat am Wochenende vorher sehr viel dafür gelernt. Hannah war auf gar keinen Fall eine Streberin und schreib immer Einsen, jedoch war sie eine durchschnittliche Schülerin und sie hasste das Lernen nicht. Zumindest glaubte sie das, dass sie sich ab jetzt mehr konzentrieren kann und nicht immer an Sabrina denken muss. „Setzt euch bitte, ich verteile eure Arbeiten.", sagte Frau Kamper zu der Klasse. Ein Junge rief rein: „Wie ist die Arbeit ausgefallen?" Frau Kamper reagierte auf ihn nicht und fing mit dem austeilen an. Ein anderer Junge antwortete auf ihm: „Schlecht. Alle haben eine sechs" Paar Jungs lachten, doch auf die achtete Hannah nicht sehr. Sie war mit ihren Augen bei der Lehrerin, um zu gucken, wann sie ihre Arbeit bekommt. „Bitte keine schlechte Note, bitte keine schlechte Note, bitte keine schlechte Note.", flüsterte Hannah zu sich selbst und sah dann Frau Kamper zu ihr kommen. Sie gab ihr die Arbeit mit den Worten „Gute Arbeit." und lächelte zu Hannah und verteile weiter. Hannah schlug das Heft auf und blätterte an den hinteren Teil, um zu gucken, welche Note sie hat. „Gut (2)", stand auf dem Bewertungsbogen als sich Hannah es durchlas. Sie wurde noch glücklicher, weil ihre Arbeit und ihr Fleiß sich ausgezahlt haben. Sie war froh eine zwei zu haben und keine schlechte Note. Sie merkte aber auch, dass sie heute seit langer Zeit der erste Moment war, dass sie richtig froh war und stolz auf sich war. Denn heute ist endlich ihr Wunsch in Erfüllung gegangen und sie hat nach langer Zeit eine gute Note, mit der sie auch selbst zufrieden ist und ihre Eltern sicherlich auch. Es war nach kurzer Zeit Unruhe im Klassenzimmer, so wie es immer bei Arbeiten ist, weil jeder den anderen erzählen muss, welche Note er hat und, wieso das voll ungerecht war. Plötzlich kam Sabrina zu Hannah. Hannah wurde etwas nervös, weil sie nicht wusste, was Sabrina von ihr will. Jedoch hatte sie nicht das Gefühl von letzter Zeit, dass sie jetzt weiß, dass sie Hannah beleidigen. „Welche Note hast du, Hannah?", fragte Sabrina Hannah mit einem kleinen Lächeln. Hannah wusste wegen ihrem Glück nicht, was sie sagen soll: „Äh. Eine zwei. Und du?", fragte Hannah Sabrina. Sabrina antwortete Hannah mit „Cool. Ich auch." und hielt Hannah die Hand vor, um ihr einen Handschlag zu geben. Als Sabrina dann wieder zu den anderen ging, dachte sich Hannah aus, wie wohl ihre Eltern darauf reagieren würden. Auf der Busfahrt nachhause dachte sie die ganze Zeit über den Tag nach und sie konnte es immer noch nicht fassen. Zuhause angekommen beim Mittagessen, erzählte dann Hannah ihren Eltern stolz, dass sie die Klassenarbeit in Deutsch zurückbekommen haben. Ihre Eltern haben logischerweise nachgefragt, welche Note sie denn bekommen hat. Sie haben mit einer mittelmäßigen Note gerechnet, hatten aber nicht eine zwei im Kopf. Mit einem breitem Lächeln sagt Hannah zu ihren

Eltern „Eine zwei." Ihre Eltern freuen sich genau so wie Hannah und sind auf ihre Tochter stolz, dass sie so eine gute Note bekommen hat und sich vor allem verbessert hat und nicht verschlechtert hat. Als kleines Geschenk bekam Hannah noch neben ihrem Taschengeld pro Monat, was nicht sehr hoch war, da ihr Vater nicht arbeitet, fünfzehn Euro, mit den sie sich etwas selber kaufen kann. Nach dem Mittagessen braucht Hannah immer noch etwas Zeit, um mal richtig abzuschalten und dann erst mit dem Lernen anzufangen. Oft lag sie in der Zeit auf der Couch oder auf ihrem Bett und war mit ihrem Handy beschäftigt also plötzlich dann eine Nachricht in ihrem Klassenchat kam. Die Klasse hatte ein Klassenchat, um dort wichtige Sachen auszutauschen, wenn jemand z.B. krank war. Als Hannah sich die Nachricht durchlas erschreckte sie sich etwas. Sie hatte völlig vergessen, dass sie ja auch noch morgen einen Physik-Test schreiben, für den sie bis jetzt nicht mal ansatzweise gelernt hat. Sie packte sofort ihr Handy bei Seite und fing mit dem lernen an. Zuerst einmal machte sie ihre Hausaufgaben, die sie für morgen auf hatte, da das für Hannah neben dem Test auch Priorität war, um keine schlechtere Note wegen den Hausaufgaben zu bekommen. Sie machte sich keinen Stress, weil sie wusste, dass sie noch bis abends genug Zeit hat und sie außerdem für den Test den größten Teil verstanden hat, weil sie im Unterricht aufgepasst hat. Hannah konzentrierte sich wirklich sehr und lies sich nicht von ihrem Handy ablenken, weil sie es einfach im Wohnzimmer hatte, um nicht jede dritte Minuten nur mal ganz kurz auf Handy zu schauen, denn sie kannte sich selbst gut. Wenn sie einmal auf ihr Handy schaute, wusste sie ganz genau, dass sie dann für mindestens eine halbe Stunde dadurch verliert, weil sie sich einfach ablenken lässt. Als es dann abends wurde und sie langsam von dem ganzen Lernen müde war, beschloss sie heute mal früher ins Bett zugehen, damit sie morgen schön wach und fit ist für den Test und nicht noch schlafen will. Als Hannahs Eltern ihr dann noch einen Gute-Nacht-Kuss gaben lies sie nochmal den Tag Revue passieren lassen. Und dadurch schlief sie dann auch mit einem sehr gutem und fröhlichem Gefühl ein und freute sich schon auf den morgigen Tag und auf die Schule. Am nächsten Morgen weckten ihre Eltern sie eigentlich wie immer, wenn sie Schule hat, auf und sie geht dann zum Bad und macht sich frisch. Eigentlich hat sie immer, wenn sie aufsteht, ein schlechtes Gefühl und möchte gar nicht zur Schule, doch an diesem Morgen stand Hannah ausgeschlafen und mit voller Freude auf und freute sich schon auf die Schule. Nach dem kleinen Frühstück von Hannah, machte sie sich auf zur Schule und lernte auch noch im Bus und in der Bahn für den Test, um den Lernstoff einfach mal so zu wiederholen und nicht alles zu vergessen, denn sie hatte sich ja das Zeil vorgenommen, bessere Note zu schreiben. Das bedeutet dann auch für Hannah, dass sie sich anstrengen musste und lernen musste, denn sonst ist die Wahrscheinlichkeit eine gute Note zu bekommen, sehr gering. Außerdem wusste sich auch das sie in der Pause nicht wiederholen kann, da sie den Test direkt in der ersten Stunde schreiben werden und so keine Zeit mehr bleibt, um noch in der Schule zu wiederholen. Als Hannah dann nach der Begrüßung des Lehrers saß, verteilte der Lehre auch schon direkt die Tests, um keine Zeit zu verlieren und um direkt anzufangen. „So, jetzt dürft ihr die Tests umdrehen. Ihr habt 15 Minuten Zeit. Viel Glück!", sagte der Lehrer zur Klasse und setzte sich selbst an seinem Schreibtisch hin und fing selber an andere Klausuren der anderen Klassen zu korrigieren. Hannah drehte das Blatt um, atmete tief durch und schrieb erst mal ihren Namen auf und las sich erst einmal alle Aufgaben durch, um zu gucken, für welche Aufgabe sie am meisten Zeit braucht und welche Aufgaben, ihr vielleicht leicht fallen und sie weiß, dass sie diese Aufgaben dann schnell erledigen kann. Beim Test hatte sie ein ziemlich sichere Gefühl, weil sie den meisten Teil konnte und sich auch sicher war, dass das korrekt ist, da sie ja auch viel dafür gelernt hat. Natürlich hatte sie trotzdem diese Aufregung, dass sie hoffentlich eine gute Note bekommt, jedoch war sie einfach dieses mal selbstbewusster und glaubte an sich. Nach den 15 Minuten gab auch Hannah den Test ab und sie hatte alle Aufgaben erledigen können und das mit einem gutem Gefühl. Sie war nach dem Test sehr erleichtert, dass sie es jetzt hinter sich hat und es aus dem Bauch her gut überstanden hat. Ab jetzt nahm sie sich auch vor rechtzeitig für ihre Klassenarbeiten und Tests zu lernen und nicht wie diese mal ein Tag vorher. Es kann einmal gut gehen, aber sicherlich nicht immer. Sie wollte ab jetzt ihr Leben etwas verändern und Struktur rein bringen. Sie versuchte sich genau definierte Ziele zu setzten, sich zu organisieren, rechtzeitig und genügend zu lernen und so einfach bessere Noten ohne Stress und Druck zu bekommen. In der Pause erinnerte sich Hannah noch einmal, dass sie ja noch zu Herrn Müller gehen wollte und ihm wegen seiner Gespräche und seiner großen Hilfe danken wollte. Sie stand vor seinem Büro und klopfte und hoffte, dass er heute da ist. Doch dieses mal hörte sie ein „Herr rein." und machte die vorsichtig und langsam auf. „Oh, hallo Hannah. Ich wollte noch heute mir dir sprechen. Hat es diese mal geklappt, hören sie auf?", begrüßte Herr Müller Hannah und stellte direkt auch die große Frage. Alleine an ihrem Lächeln erkannte er, dass es dieses mal geklappt hat. „Ja, sie haben aufgehört. Sie hat sich direkt nach ihrem Gespräch in der Pause bei mir entschuldigt und sie mobben mich nicht mehr.", sagte Hannah mit großer Freude. Herr Müller war ebenfalls sehr froh, dass Hannah Nicht mehr gemobbt wird und freute sich, dass er ihr helfen konnte. „Ich weiß nicht, wie ich Ihnen danken soll. Vielen, vielen Dank, dass sie mir da so geholfen haben und mir immer

Selbstbewusstsein und den Mut zur Sache gegeben haben. Ich weiß nicht, was ich ohne Sie gemacht hätte. Dank Ihnen, kann ich jetzt ein normales Schülerlaben führen, ohne das ich jeden Tag gemobbt werde.", bedankte sich Hannah bei Herrn Müller. Herr Müller sagte zu Hannah: „Ich danke Dir, dass Du Dich getraut hast, zu mir zu kommen. Ich freue mich wirklich sehr für dich und wünsche dir noch für die Schule viel Erfolg. Und denk dran: Solltest du irgendein Problem haben, komm gerne wieder zu mir. Das ist hier mein Job." Hannah verabschiedete sich nach dem kurzem Gespräch und war auch auch schon auf dem Weg zum Klassenzimmer. In der zweiten Pause sah Hannah plötzlich Sabrina weinen. Um Sabrina herum waren ihre Freundinnen und Hannah wusste eigentlich gar nicht genau, wieso Sabrina. Hannah ist zu den Freundinnen von Sabrina hingegangen, die sie gerade trösteten, und sie hat die gefragt, was denn los sei. Die erzählten dann Hannah: „Du weiß ja. Niklas war ihr Freund. Er will jetzt nicht mehr mit ihr <<zusammen sein>> Deshalb ist sie jetzt traurig und weint." Hannah verstand es und versuchte auch Sabrina zu trösten und so hat Hannah auch die Wut gegen ihr vergessen. Am

Ende des Schultags kam dann Niklas zu ihr. Hannahs Herz pochte schon, als sie ihn gesehen. Sie hatte in den letzten Tagen wirklich Niklas fast komplett vergessen, weil sie sich so sehr auf die Mobbing Problem konzentrierte. Sie wusste nicht, was sie jetzt zu Niklas sagen soll oder wie sie reagieren soll. Soll sie ihn einfach ignorieren wegen Sabrina oder auf ihn wütend sein oder einfach mit ihm reden, weil es ja eigentlich Sabrina und Niklas Sache ist und nicht ihre. Er kam zur ihr und sprach sie mit „Hey. Wie geht es dir so?" Hannah antwortete mit einem eingeschüchterten „Gut. Und dir so?" So kamen beide so langsam und langsam ins Gespräch und Hannah wurde auch immer sicherer und hatte keine Panik mehr sich zu verhaspeln. Sie fragte ihn z.B. welche Note er denn im Test hat und so hat Hannah fast schon vergessen, dass sie noch nervös ist, wenn sie mit ihm redet. Sie lachten, redeten und gingen dann auch gemeinsam hoch. Doch Hannah wusste, dass sie jetzt nicht einfach so mit ihm zum Klassenzimmer kann, weil sonst Sabrina die beiden sieht und dann noch wütender und wahrscheinlich auch trauriger wird. Sie überlegte sich schnell auf kurze Hand eine Ausrede und sagte Niklas, dass sie noch schnell auf die Toilette gehen muss und er schon mal zum Klassenraum gehen kann. So sah es nicht mehr aus, dass die beiden gemeinsam zum Klassenraum gehen, sondern Niklas alleine hingeht und Hannah alleine hingeht. Im Unterricht macht Hannah normal mit und meldet sich sich häufiger als früher, da sie sich jetzt einfach besser konzentrieren kann und so auch sich im Unterricht meldet, damit sie eine gute Note bekommt. So kann sie auch ihre Ziele mit den guten Noten erreichen. Nach dem Unterricht als dann Schulschluss war, ging Hannah wie immer zum Bus, um nachhause zu fahren. Doch dieses mal stoppte Niklas sie. Sie war verwundert, was er denn wieder mit ihr will. Sie liebte Niklas zwar, wollte aber nicht, dass Sabrina jetzt denkt, dass die beiden jetzt schon zusammen sind und kaum Niklas und Sabrina nicht mehr befreundet sind, sie jetzt eine <<Beziehung>> anfangen. Er fragte Hannah: „Sollen wir uns mal vielleicht treffen? Vielleicht im Kino oder so. Also nur, wenn du willst. Und natürlich, wenn du Zeit hast." Hannah war komplett überrascht und hätte nicht gedacht, dass Niklas sie fragt, ob sie sich mal treffen. Liebend gerne hätte sie „Ja" gesagt, doch die Sorge mit

Sabrina war größer. Vielleicht kann sie irgendwie davon Wind bekommen, dass die beiden sich treffen. Und das dann auch nach dem Schluss machen. Nein, es war einfach nicht der gute Zeitpunkt für Hannah. Vielleicht in drei, vier Wochen, aber nicht jetzt. Hannah wollte Sabrina nicht traurig und wütend auf sich machen. Sie wusste zwar, dass sie sie nicht mehr mobben werden, aber trotzdem hätte dann Hannah ein viel zu schlechtes Gewissen beim Treffen und vor und nach dem Treffen. Hannah lehnte freundlich und nett und sagte, dass sie jetzt nicht Sabrina verletzten möchte. Hannah hat auch Niklas gesagt, dass Sabrina nicht denken soll, dass die beiden jetzt zusammen sind oder sehr gut befreundet sind. Niklas war enttäuscht von der Antwort von Hannah, denn er dachte, dass sie „Ja" sagt, aber er konnte es verstehen und nachvollziehen. Schließlich würde Niklas, wenn er Sabrina wäre, auch nicht machen. Sabrina hatte bei der Busfahrt Angst, dass jetzt Niklas denkt, dass sie ihn gar nicht mag und sie ihn sozusagen einen Korb gegeben hat. Hannah hat einfach gehofft, dass es Niklas wirklich verstehen kann und jetzt nicht denkt, dass es an ihn liegt oder sie ihn nicht mag. Jedoch war Hannah auch die ganze Busfahrt sehr froh und glücklich, dass sie jetzt weiß, dass Niklas auch etwas für Hannah empfindet und sie ihn nicht nur „alleine" liebt. Sie weiß, dass sie sich jetzt nicht mehr verrückt machen muss, um nicht peinlich zu wirken, so dass Niklas sie nicht mehr mag, denn schließlich haben Niklas und Hannah meh

fach in den Pausen, auch, wenn es sehr kurz war, mit einander geredet und somit war Hannah klar, dass Niklas weiß, dass sie existiert. Sie war sich aber trotzdem nicht zu 100% sicher, ob Niklas auch in sie verliebt ist oder er Hannah nur einfach normal wie zwei Freunde mag und er sich mal mit ihr treffen wollte. Auf jeden Fall mag er sie, das war ja schon mal klar und das ist ja auch bekanntlich der erste Schritt eine großen Liebe, dachte sich Hannah, die im Moment die komplette Zeit an Liebesfilme dachte und sich und Niklas in die Rollen eintauschte. Was wäre nur, wenn Hannah und Niklas bei Titanic mit spielen würden. Dann fiel Hannah auf einmal das Ende ein und sie vergaß schnell diesen Rollentausch, denn der war nicht so schön und romantisch wie sie sich das vorgestellt hatte. Hannah dachte auch einen Moment drüber noch, doch noch „Ja" zu sagen, damit Niklas nicht denkt, dass Hannah ihn gar nicht mag und sie ihn jetzt einen Korb gegeben hat. Sie war sich ziemlich unsicher. Konnte es Niklas verstehen oder bedeutet das, dass wenn man ein Treffen – das erste Treffen – absagt man einen, einen Korb gegeben hat. Hannah zweifelte auf dem kurzem Fußweg nachhause nicht mehr und dachte positiv. Immerhin mag er sie. Und vielleicht hat er sich ja auch in Hannah verguckt... Hannah hatte den ganzen Tag gute Laune und sogar beim Mittagessen dachte sie darüber nach, wie es wohl sein würde, wenn sie und Niklas zusammen sind. Sie andauernd ein breites Grinsen im Lachen und starrte förmlich auf ihr Essen. Plötzlich fragte die Mutter: „Ist etwas?" Hannah erwachte aus ihrem Traum und war erst mal verwirrt, weil sie so tief in Gedanken bei der Beziehung von ihr und Niklas war. „Äh. Nein, es ist nichts. Warum?", fragte Hannah ihre Mutter. Ihre Mutter antwortete fraglich: „Ja, weil du so auf dein Essen starrst. Du sitzt bis jetzt eine viertel Stunde und hast vielleicht nur ein Fischstäbchen gegessen." Hannah: „Ja, ich dachte über meine Hausaufgaben nach und außerdem habe ich gar keinen so großen Hunger."

Am nächsten Morgen in der Klasse redeten alle über den Test, den sie ja letzte Woche geschrieben haben. Hannah hatte ihn komplett vergessen, weil sie in den letzten paar Tagen in Gedanken nur bei Niklas war und nicht an den Test gedachte hat, für den Hannah ja einen Tag vorher gelernt hat, aber dafür viel und konzentriert. Als dann der Lehrer vor dem Klassenraum stand, um den Raum auszuschließen fragten einige Jungs, ob er denn den Test mit genommen hat. Der Lehrer antwortete nicht, da das die meisten Lehrer der Schule nicht machten, weil sie genau wussten, dass, wenn sie „Ja" oder „Nein" sagen, es zur Begrüßung und zur Anfang der Stunde immer laut wird und jeder seinem Freund oder seiner Freundin erzählen möchte, dass es den Test gibt oder nicht. Aus diesem Grund antwortete der Lehrer nicht und ließ die Klasse rein, damit sich die Schüler setzten können und sie sich begrüßen können. Hannah zog ihre Jacke aus und hing sie an ihrem Stuhl ran und packte ihre Schulmaterialien raus und stellte sich wie fast der Rest der Klasse zur Begrüßung auf. Der Lehrer schimpfte: „Tom, wie warten auf dich. Pack jetzt deine Sachen raus und stell dich auf." Sie begrüßten sich und als der Lehrer saß teilte er der Klasse mit, dass er die Tests korrigiert hat und die dementsprechend auch mit genommen hat. Einer Schüler rief in die Klasse rein: „Wie ist der Test ausgefallen? War der eher gut oder eher schlecht?" Der Lehrer atmete tief und laut und sagte der Klasse: „Na ja. Es war bis jetzt der schlechteste Test, denn ihr geschrieben, obwohl wir das alles im Unterricht gemacht haben und das an sich ziemlich einfach zu verstehen ist. Einige.. Na ja, was heißt einige, 40% der Klasse müssen sich verbessern, um noch eine ausreichende Note auf dem Zeugnis zu bekommen. Denn ich glaube nicht, dass jemand von euch die fünfte Klasse mit einer fünf auf dem Zeugnis abschließen möchte, oder?" Ein anderer Schüler rief: „Ich dachte man kann erst ab der sechsten fliegen." Der Lehrer klärte auf: „Zuerst einmal fliegt hier keiner, sondern wiederholt entweder die Klasse oder verlässt das Gymnasium. Und zweitens: Ja, da hast du Recht. Die fünfte Klasse kann man nicht wiederholen, jedoch ist es für deine Zukunft besser, keine fünf auf dem Zeugnis zu haben – und dann noch in der fünften Klasse. Denn, wenn du in der sechsten, siebten, achten, neunten, zehnten, elften und zwölften Klasse bist, wird das nicht immer unbedingt leichter schnell und einfach gute Note zu bekommen. Ihr müsst euch dafür echt anstrengen, lernen und es konsequent durchziehen, wie es hier einer – besser gesagt: eine – in der Klasse geschafft hat. Es gab nur eine eins, zwei dreien und der Rest der Klasse hat eine vier, fünf oder auch eine sechs." Die Klasse war nach den Worten von dem Lehrer erstaunt, dass der Test so schlecht ausgefallen ist und sich 40% der Klasse verbessern müssen, um keine fünf auf dem Zeugnis zu kriegen. Jedoch war auch jeder sehr aufgeregt, wer den die Eins im Test hat. Hannahs Puls stieg noch höher, nachdem sie erfahren hat, dass sehr viele Leute eine schlechte Note im Test haben. Hannah vermutete, dass Sabrina eine eins im Test hat, da sie so die „Streberin" und „Schleimerin" der Klasse ist und somit immer nur Einsen oder Zweien schreibt. Der Lehrer ging als erstes zu Hannah, um ihr wahrscheinlich den Test zu geben. Hannah war sehr nervös. Der Lehrer sagte zu Hannah: „Du hast anscheinend sehr gut für den Test gelernt. Du hast die Eins im Test. Ich hoffe, dass du dich freust. Und ach so ja, deine mündliche Leistung hat sich auch in den letzten Wochen und Tage verbessert: Weiter so, dann kriegst du auch hoffentlich eine gute Note auf dem Zeugnis." Hannah war sehr erstaunt und auch zugleich schockiert, aber im Positiven Sinne. Sie blickte auf ihren Test und sah, dass sie tatsächlich eine Eins hatte. Für einen Moment dachte sie, sie wäre in einem Traum. Hannah kneifen sich und tatsächlich: Es war kein Traum, es war die Realität. Hannah war überglücklich und auch stolz auf sich, denn jetzt wusste sie, dass sich das lernen am Vortag des Tests gelohnt hatte und sie dafür als „Gegenleistung" eine gute – sehr gute – Note bekam.

Als Hannah dann am Ende des Unterrichts den Raum verließ, sah sie wie Niklas auf sie zuging. Er fing an mit Hannah zu reden: „Hi. Wie geht's dir?" Hannah antwortete schüchtern: „Ja, äh, gut und dir so?" Niklas antwortete auch mit einem „Ja". Anschließend kam er direkt zum Thema: zum Test. „Und, was für eine Note hast du?", fragte Niklas Hannah mit einem kleinen Lächeln. Hannah antwortete „Eine eins. Ich bin total glücklich. Und du?" Hannah wollte nicht zu sehr bei Niklas, oder auch bei ihrer Klasse angeben, dass sie die eins geschrieben hat, weil Hannah es nicht mag und eigentlich auch noch die das Bedürfnis hatte im

Mittelpunkt zu stehen und die volle Aufmerksamkeit der Klasse zu haben. Das wäre Hannah zu peinlich, weil sie selber wüsste, dass sie sich dann vor der Klasse in irgendeiner Art peinlich machen würde. Niklas war erstaunt, aber in keiner Fall neidisch. Außerdem freute er sich für Hannah. Hannah fragte ihn dann: „Und, was hast du für eine Note?" Niklas sagt für einen Moment nichts und antwortete dann mit: „Eine fünf. Aber ich habe auch gar nicht für den Teste gelernt. Also eigentlich gerechtfertigt sich das." Darauf hin lachte er. Er war äußerlich auf keinen Fall traurig wegen seiner Fünf, denn als „Cooler" durfte er sich das nicht anmerken lassen, dass es wegen einer Fünf traurig ist. Jedoch war er im Inneren schon traurig, weil er eigentlich Arzt werden sollte. Na ja, er selber will nicht Arzt werden, aber das sagen ihm seine Eltern, die ihn auch so ein bisschen zwingen und wollen, dass Niklas später mal Medizin studieren soll und Arzt wird genau so wie die Mutter und der Vater. Die Eltern von Niklas sind sehr reich und auch ziemlich streng, denn sie sind stolz auf ihren Sohn und wollen auch, dass Niklas mal später erfolgreich, reich und Arzt wird. Hannah war auf die Antwort von Niklas ziemlich erstaunt. Sie wusste zwar, dass es ziemlich schlechte Noten gab, aber sie hatte mit einer Drei oder am schlimmsten mit einer Vier gerechnet, aber niemals im Leben mit einer Fünf. Hannah hackte weiter nach: „Wieso hast du denn nicht gelernt? Der Lehrer hat doch den Test angekündigt. Guck mich an. Ich hab wirklich nur einen Tag vor dem Test den ganzen Lernstoff gelernt und eine Eins geschrieben. Hättest du dich sogar am Vortag hingesetzt und für maximal zwei Stunden gelernt, hättest du jetzt ganz einfach eine Eins geschrieben." Niklas rollte mit den Augen etwas und sagte zu Hannah: „Ja, eigentlich wollte ich ja auch lernen, aber ich hab es dann vergessen. Und außerdem ist das erst unser erste Test in dem Halbjahr und wir werden noch ganz sicher viele weitere Tests schreiben und mündlich kann ich mich ja auch noch verbessern. Aber egal jetzt. Und ach so ja: Der Lehrer hat mir gesagt, dass ich vielleicht mit dir lernen soll, um möglichst auch bei dem nächsten Test eine so gute Note wie du zu haben und keine Fünf. Also vielleicht können wir ja mal für den nächsten Test zusammen lernen. Wir müssen ja auch nicht unbedingt zu mir oder zu dir. Wir können uns ja in der Stadt oder in der Schülerbibliothek treffen. Was hältst du von der Idee?" Hannah überlegte für einen Moment und atmete durch: „Ja wir können das ja mal machen. Aber dann nur in der Schülerbibliothek. Und ich müsste dafür meine Eltern fragen, ob ich dann Zeit habe und auch darf." Niklas verstand es natürlich und sagte Hannah: „Okay gut. Dann kannst du mir ja morgen Bescheid sagen." Hannah sagte ihm, dass sie das machen wird.

Zuhause angekommen fragte Hannah beim Mittagsessen am Esstisch: „Äh, Mama. Ich hab da ne Frage." „Ja mein Schatz. Worum geht es?", sagte Hannahs Mutter. „Kann ich mich in der Bibliothek mit einer Freundin zum Lernen verabreden. Also so vielleicht Samstag? Dann können wir zusammen für Physik lernen. Darf ich?", fragt Hannah in der Hoffnung, dass ihre Mutter es ihr erlaubt. Natürlich erzählte sie ihren Eltern nicht, dass sie in Wahrheit dort mit Niklas verabredet ist, da sie wusste, dass ihre Eltern dies nicht erlauben würden. Hannahs Mutter überlegte einen Moment und sagte daraufhin: „Ja, du kannst. Aber nur, wenn du Freitag dann dein Zimmer aufräumst. Das sieht immer echt katastrophal aus!" Hannah war sehr glücklich und dankte ihrer Mutter und ging natürlich das Angebot ein und sie wollte dann ihr Zimmer Freitag, also übermorgen, aufräumen. Mit einem Lächeln ging sie wieder zurück in ihr Zimmer und erledigte dort dann ihre Hausaufgaben.

Am nächsten Morgen als sie im Bus wieder nachdachte, erinnerte sie sie daran, dass sie ja noch unbedingt Niklas mitteilen muss, dass es ihre Eltern erlaubt haben und sie wissen wollte, ob es denn auch Niklas Eltern erlauben. Als sie dann wenige Minuten später die Schule erreichte, suchte sie Niklas vergeblich. Sie hat ihn einfach nirgends gefunden. Schließlich fragte sie dann Ben, Niklas bester Freund, ob er weiß, wo Niklas ist. Er antwortete Hannah: „Nein. Ich hab ihn heute auch noch nicht gesehen. Wahrscheinlich hat er seinen Bus verpasst." Hannah nickte und murmelte vor sich hin: „Oder er ist vielleicht krank." Ben sagte daraufhin: „Ne. Ich glaub nicht. Sonst würde er mir das schreiben. Er schreibt mir immer, wenn er mal krank sein wollte." Hannah dankte ihn für seine Antwort und ging anschließend als es gongte hoch zum Klassenraum. Auch vor dem Klassenraum fand sie Niklas nirgends und keiner redete über ihn. Als dann die Lehrerin kam und sich alle hinsetzten und begrüßen wollten, klopfte es an der Tür. Die Lehrerin sagte leicht genervt und mit Augenrollen: „Ja, bitte." Der Türgriff drückte sich nach unten und die Tür öffnete sich. Es war Niklas. Völlig verschwitzt. Und komplett rot im Gesicht. Er konnte kaum noch atmen. Er versuchte anzufangen zu reden. Er atmete sehr schwer.

Er entschuldigte sich für die Verspätung und sagt der Lehrerin, dass sein Bus entfallen ist und er deshalb den nächsten Bus, der immer im 15-Minuten Takt kommt, nehmen musste und aus diesem Grund auch zur spät zur Schule gekommen ist. Die Lehrerin akzeptierte es und sagte ihm, dass er sich setzten und seine Sachen raus nehmen solle. Niklas ging schnell zu seinem Platz und setzte sich hin und packte sein Sachen raus. Er fragte seinen Tischnachbar, was sie bis jetzt gemacht haben. Er sagte Niklas, dass sie die Lehrerin nur begrüßt haben und sie jetzt gleicht mit dem Unterricht anfangen werden. Hannah war froh, dass Niklas endlich jetzt in der Schule da war, denn sie konnte es kaum noch abwarten ihm davon zu erzählen, dass sie sich diesen Samstag in der Bibliothek treffen können. Während des Unterrichts gab es keine Gelegenheit, damit es Hannah Niklas sagt. Sie wartete auf die Pause, um es ihn dann ganz in Ruhe erzählen zu können. Als es dann nach zwei Unterrichtsstunden zur Pause klingelte verlor sie Niklas. Sie wollte es ihm eigentlich jetzt direkt sagen, wenn sie aus dem Raum draußen sind. Sie ging zu ihrem Klassenraum hoch und legte ihre Tasche vor dem Raum ab und ging die Treppen nach unten in die Eingangshalle der Schule in der Hoffnung, dass sie jetzt Niklas finden würde. Als sie dann ganz unten war, sah sie Niklas von hinten wie er mit seinem Freund nach draußen gehen wollte. Sie rannte schnell zu ihm, um ihn dieses mal nicht noch einmal wie oben in der Klasse zu verpassen. Als sie dann völlig aus der Puste bei Niklas ankam, sah Niklas sie und sagte zu Hannah: „Oh, hi Hannah." Er wollte auch mit Hannah reden und sagte aus diesem Grund seinen Freund, dass er schon einmal vorgehen solle. Er fing an mit „Und wie geht's dir so?" Hannah antwortete mit: „Äh, Ja gut. Ich wollte dir wegen dem Treffen von uns beiden etwas sagen." Sie fing direkt an und redete nicht lange um den heißen Brei herum. „Also, ich habe meine Eltern gefragt, ob wir uns treffen können und sie haben er mir erlaubt." Hannah wollte weiter reden, aber Niklas unterbrach sie mit einem glücklichen Gesicht: „Na, das ist ja richtig super!" Hannah stimmte zu und fuhr weiter: „Aber wie können uns nur in der Bibliothek treffen. Also in der Schülerbibliothek. Wenn du Zeit hast. Darfst du eigentlich auch?", fragte sie ihn. „Ja. Ich hab gefragt. Aber ich habe gesagt, dass ich mich mit einem Freund in der Stadt verabrede. Jetzt kann ich meinen Eltern sagen, dass ich in die Bibliothek gehe, um mich auf den nächsten Physik-Test vorzubereiten." Hannah freite sich auch und teilte ihn auch noch die Uhrzeit mit: „Also ich kann so ab 12 oder 13 Uhr. Passt das so für dich?" Niklas antwortete mit einem fröhlichen „Ja!" und beide freiten sich schon auf den Samstag. „Und ach so ja, bevor ich es vergesse dir zu sagen. Bitte denke daran auch dein Physik Buch und dein Heft mitzunehmen.", erinnerte sie ihn. Niklas sagte, dass er das machen wird.

Samstag Morgen hat sich Hannah einen Wecker um 9 Uhr gestellt, um auch wirklich nicht zu verschlafen, denn sie wollte ja schließlich pünktlich zu ihrem ersten Treffen mit Niklas kommen, damit er auch einen guten Eindruck von ihr erhielt. Hannah war es generell sehr wichtig immer pünktlich oder im Zweifelsfalle etwas früher als zu spät aufzutauchen, denn Leute, die sich verspäten mochte sie nicht sehr. Als Hannah dann aufwachte ging sie erst einmal ins Bad und wusch sich ihr Gesicht und ging zur Küche, da sie die Stimmen ihres Vaters und ihrer Mutter von dort aus hörte. Sie ging rein und sah ihre Eltern und begrüßte diese mit einem „Guten Morgen." Hannahs Mutter fragte sie, wie sie geschlafen hat. Sie antwortete mit „Gut. Und du?" „Auch gut. In 10 Minuten gibt's Frühstück. Mach dich schon einmal bereit und zieh dir deine Sachen an, weil du dich ja auch noch um 12 Uhr mit deiner Freundin in der Stadt zum Lernen verabredet hast." Hannah ging wieder in ihr Zimmer und suchte sich erst einmal eine schöne Hose mit einer schönen Bluse an, die sie tragen konnte ohne strebermäßig oder uncool zu wirken. Sie öffnete ihren Kleiderschrank und guckt erst mal nach ihren Hosen und griff sich eine blaue schlichte Jeans und danach suchte sie noch die perfekte Bluse, die sie noch dazu tragen konnte. Irgendetwas grünes musste es sein. Schließlich fand sie auch noch eine passende grüne Bluse, die nicht zu lang, aber auch nicht zu kurz war. Anschließend ging sie ins Bad, um sich ihre Haare zu bürsten, denn die sahen besonders nach dem Schlaf immer sehr wild aus und da schadet es nicht einmal Ordnung rein zubringen. Als dann auch ihre Haare schön waren ging sie in die Küche, um dort dann frühstücken zu können. Sie aß wie fast jeden Morgen Müsli. Schoko-Müsli. Sie hat in eine Schüssel erst mal Milch eingegossen und dann die Müslis rein getan. Sie nahm sich dann einen Löffel und setzte sich an den Tisch und erzählte etwas mit ihrer Mutter und ihrem Vater über die Woche und über ihr Treffen. Als sie dann fertig mit dem Frühstück war ging sie wieder in ihr Zimmer, um schon ihren Rucksack zu packen. Sie packte den Rucksack aus ihrem Kleiderschrank oben raus und nahm aus ihrem Regal das Physikbuch und ihr Physikheft mit ihrem Mäppchen und einem Collegeblock zum Schreiben. In der Zwischenzeit war sie an ihrem Handy im Bett und guckte sich Videos an und ging dann um halb 12 aus dem Zimmer raus, um dann den Bus, der in 5 Minuten kam zu nehmen. Sie zog sich ihre Schuhe und ihre Jacke an, nahm ihren Rucksack und packte auch dies mal ihr Handy ein, obwohl sie ihr Handy an normalen Schultagen nicht mitnehmen durfte und auch wollte. Hannahs Eltern wollten, dass Hannah sie anrufen, wenn sie mit dem

Lernen fertig sind. Sie gab ihrem Vater und ihrer Mutter einen Kuss und machte sich auf. Auf dem halben Weg blickte sie nochmals auf ihr Handy, um die Uhrzeit abzuchecken. Sie sah, dass sie nur noch drei Minuten hatte und sie in diesem Tempo niemals in drei Minuten ankam. Also packte sie hastig ihr Handy in ihre Jackentasche und fing an schnell zu Bushaltestelle zu rennen, um noch den Bus zu kriegen. Als sie an der Station ankam musste sie keine Sekunden warten und der Bus kam schon. Er machte die Türen auf und zuerst einmal stiegen ein paar Leute aus dem überfüllten Bus aus. „Mensch, können Sie mich nicht einmal rauslassen.", hörte Hannah von einem genervten Fahrgast, der aus dem Bus ausstieg. Als dann alle draußen waren, die es auch wollten, stieg Hannah ein und suchte vergeblich einen Platz, doch sie fand logischer Weise bei so einem vollen Bus keinen und hielt sich an einer Stange fest. Doch der Bus schloss seine Türen wie gewohnt nicht. Er wartete noch etwas. Hannah wurde schon leicht nervös, denn sie wollte nicht zu spät zu dem Treffen ankommen. Doch es war nur ein Fahrgast auf dem der Busfahrer gewartet hat. Dann schloss er auch die Türen und fing an loszufahren. Nach einigen Stationen als Hannah dann in der Stadt ankam stieg sie aus dem Bus aus und ging weiter zu Fuß bis zur Bibliothek. Es war kein sonderlich langer Weg für Hannah, da sie es gewohnt war morgens und mittags von der Schule aus einen etwas langen Fußweg zur Busstation zu laufen. Als sie dann vor der Bibliothek stand atmete sie nochmals tief durch und betrat sie. Sie wusste noch nicht ganz, wo Niklas war, weil die beiden sich keinen festen Treffpunkt gesetzt haben. Zu Erst schaute sie sich im Eingangbereich, wo ein Café war um, doch sie sah nirgends Niklas. Sie packte ihr Handy aus der Hosentasche aus und machte es an, damit sie auf die Uhr gucken kann. Vielleicht war sie doch zu früh oder zu spät. Sie blickte drauf und es stand „12:02". Sie war also nicht zu spät, aber sie wunderte sich, wo sich bloß Niklas aufhielt. Hannah wurde für einen kurzen Moment panisch, weil sie darüber nach gedenkt hat, was passierte, wenn sie auf einmal gar nicht Niklas in dieser großen Bibliothek findet und Niklas auf Hannah wartetet und er dann denkt, dass sie ihn versetzt hat. Hannah bekam für wenige Minuten Panik, doch die entspannte sich wieder, als ihr einfiel, dass sie auch im

Notfall Niklas auf ihrem Handy anrufen kann. Als Hannah dann unten im Eingangsbereich Niklas nicht fand, ging sie schon mal die Treppen hoch zur eigentlichen Bibliothek. Dort hoffte sie, dass sie Niklas sehen würde. Sie schaute grob in den Gängen nach und sah immer noch nicht Niklas. In der oberen Etage konnte er nicht sein, da die obere eigentlich für Studenten war. Sie blickte erneut auf ihr Handy und sah, dass es schon fünf nach zwölf war. Hannah dachte sich, dass wohl Niklas ein paar Minuten zu spät kommt oder er den Bus verpasst hat und jetzt ein bisschen später kommen wird. Sie wollte für ein paar Minuten warten und gucken, ob denn jetzt Niklas kommt. Sie wartete vier Minuten im Eingangsbereich, doch immer, wenn jemand rein kam, hoffte Hannah, dass es Niklas ist, jedoch war es so nicht. Nach vier Minuten Warten wollte sie sich gerade umdrehen und hoch gehen, doch da war Niklas auf einmal. Er rief: „Hannah, stopp. Ich bin da." Hannah drehte sich mit großer Freude um und sah Niklas. Er sagte zu ihr: „Tut mir Leid für die Verspätung. Mein eigentlicher Bus, denn ich nehmen wollte, hatte wegen einem Polizeieinsatz Verspätung und deswegen kam ich so spät." Hannah lächelte zu ihm und er entschuldigte sich nochmal: „Tut mit wirklich Leid, ich hoffe, dass du nicht zu lange auf mich hier gewartet hast." Hannah verzieh ihn und beide gingen gemeinsam die Treppen zur Bibliothek hoch und setzten sich an einen Tisch, wo sie gut lernen können. „Warst du schon mal hier in der Bibliothek?", fragte Niklas Hannah. Hannah antwortete: „Nein. Heute ist mein erstes mal. Aber ich bin oft dran vorbei gelaufen." Beide packten ihre Lernsachen aus den Rucksäcken aus, um mit Physik anzufangen so wie auch der Plan war. Als dann Hannah auch mit dem Lernen anfangen wollte, bremsten negative Gedanken Niklas und er wurde immer schwächer und schwächer und hatte Gedanken wie „Das kann ich doch eh niemals schaffen."; „Ich werde Physik nie verstehen werden und immer schlecht darin bleiben." Hannah wusste schon in dem Moment, dass sie Niklas aufraffen muss und ihn ein paar von ihren Tipps & Tricks vergeben muss, damit er die nötige Motivation und den Ehrgeiz zum Lernen und das auch hoffentlich schafft. Sie fing erst mal damit an ein Blatt Papier zu nehmen und für Niklas einen Plan zu machen. Für sie war jetzt aktuell das Lernen nicht mehr so wichtig, da sie selber wusste, dass, wenn man ohne Motivation und Ehrgeiz lernt, man so nie den Stoff in den Kopf kriegt. Sie fragte Niklas hintereinander seine Noten auf dem letzten Zeugnis und schrieb die für jedes Fach einzeln auf. Dann machte sie Pfeile und schrieb eine bessere Note auf, dass er unbedingt auf dem nächsten Zeugnis bekommen muss. Sie versuchte, dass Niklas sie in den Fächern, wo er eine vier oder drei hat, sich um eine Note zu verbessern. Niklas sagte zu Hannah: „Hannah, ich weiß es sehr zu schätzen, dass du mir einen Plan machst, aber das werde ich doch eh niemals schaffen. Ich bin einfach schlecht in der Schule. Der Plan bringt mir nichts." Hannah gab nicht auf und war nicht mit den Worten von Niklas mit einverstanden. Sie schrieb unter den Noten und auf der Rückseite des Blatts, ihre Tipps & Tricks, die Niklas helfen werden, bessere Noten zu schreiben. Sie schrieb unter anderem Sachen auf wie „Realistische Ziele setzten"; „Positiv denken; keine negativen Gedanken"; „dein großes Ziel vor den Augen haben" und noch viel mehr Tipps. Sie sprach für etwa eine Stunde mit Niklas über seine Ziele, Noten, weiteres Leben und viel mehr. Nach dem Gespräch und den Plan sowie die Tipps machten beide für fünf

Minuten eine kurze Pause, um mal kurz zu trinken und eine Kleinigkeit, die beide von zuhause haben, zu essen. Nach der Pause hatten Hannah als auch Niklas die nötige Energie, Motivation und den Ehrgeiz mit dem Lernen anzufangen. Hannah las den Text im Buch Niklas vor und sie beide machten sich dazu Stichpunkte und Zusammenfassungen und auch Karteikarten, bei Begriffen, die Niklas auswendig lernen muss. Manchmal erklärte Hannah ihm etwas, doch am Ende als Hannah ein paar Begriffe noch nicht ganz so verstanden hatte, erklärte es Niklas ihr. Als sie dann nach etwa ein bis zwei Stunden mit dem Lernen fertig geworden sind, hatte Hannah ein ziemlich gutes Gefühl bei Niklas. Sie war sicher, dass es Niklas jetzt verstanden hat und hoffentlich im nächsten Test eine gute Note bekommt. Hannah und Niklas gingen anschließend noch zusammen bis zu Busstation in der Stadt und dann stieg Hannah alleine in den Bus, um auch nachhause zu fahren. Zuhause angekommen, fragte ihr Vater sie: „Und wie war es? Hast du mit deiner Freundin auch wirklich gelernt?" Hannah stotterte und antwortete: „Äh, äh, ja, na klar. Was sollten wir denn bitte sonst machen." Der Vater gab

Ruhe und alle sitzen sich zum Essenstisch, um Mittag zu essen.

Am Montag, an dem die Klasse den Physik Test schreibt, war Hannah morgens ziemlich aufgeregt, ob sie und Niklas das schaffen werden. In der Schule angekommen, sah sie Niklas und fragte ihn sicherheitshalber: „Und, hast du gestern den Stoff noch wiederholt?" Niklas antwortete Hannah, dass er es gemacht hat und er selbst ein gutes Gefühl dabei hat. Als dann der Lehrer den Klassenraum aufschloss gingen die Schüler und Schülerinnen in das Klassenzimmer rein und quetschen sich wie immer durch die Tür, weil jeder als erstes im Raum sein wollte. Als dann jeder aus seinem Platz saß sagte der Lehrer: „So, Eure Sachen braucht Ihr nicht rauszuholen, da wir ja jetzt erst mal einen Test schreiben werden. Aber fangen wir zuerst mal mit der Begrüßung an." Die Klasse begrüßte den Lehrer im Stehen und alle setzten sich und Hannah konnte noch hören, wie die anderen Schüler und Schülerinnen, die dort in ihrer Umgebung saßen, den anderen viel Glück wünschten. Niklas saß hinten im Klassenraum und sie vorne, weshalb sie ihn nicht viel Glück wünschen konnte, was sie aber sehr gerne gemacht hätte. Bei Austeilen sagte der Lehrer noch: „Und ich hoffe, dass manchen dieses mal eine bessere Note bekommen werden, wenn sie vernünftig gelernt haben." Niklas und Hannah wussten, dass der Lehrer damit Niklas meint. Niklas hatte ein ziemlich gutes Gefühl als er auf die Aufgaben schaute, da er so beim groben Anblick alles ganz gut konnte. Auch Hannah hatte beim Ansehen des Tests ein gutes Gefühl, dass sie das alles schaffen wird. „So, Ihr habt ab jetzt 20 Minuten und viel Glück." Alle nahmen ihren Stift in die Hand und fingen an zu schreiben. Hannah war schon nach 15 Minuten fertig und wartete noch die restlichen fünf Minuten ab. Als dann schließlich 20 Minuten vergingen sammelte der Lehrer die Tests von de Schülern ein. Anschließend machten sie noch weiter Unterricht und redeten etwas über die Aufgaben des Tests. Am Ende der Doppelstunde, als alle raus gingen, wollte Hannah nicht direkt zu Niklas laufen, weil Sabrina direkt hinter ihr war und sie wollte Sabrina nicht zeigen, dass die beide Freunde sind und sich gut verstehen. Auch, wenn Hannah kaum mit Sabrina redet und andersherum auch, mag Hannah grundsätzlich Sabrina.

Einige Tage später als Hannah wieder Physik hatte, sagte der Lehrer schon zu Beginn der Stunde, dass die Klasse heute ihren Test zurückbekommen wird. Hannah und Niklas waren ziemlich aufgeregt und sie wollten sehen, ob sich die ganze Arbeit und Mühe dahinter gelohnt hat oder, ob Niklas wieder wie das letzte mal im Test eine schlechte Note bekommt. Einer rief in die Klasse und fragte, wie viele Einsen es gibt. Der Lehrer antwortete auf de Frage mit: „Nicht wirklich viele. Nur zwei. Aber ich bin sehr über eine Leistung und über die starke Verbesserung der Note glücklich." Hannah und Niklas bekamen schon die Hoffnung, dass es auch sie sein können, die die beiden Einsen haben. Zuerst ging der Physiklehrer zu Niklas und gab ihm die Hand. Zuerst wusste Niklas nicht ganz wieso, wieso er das machte, doch dann hat er seine Note gesehen. Er hatte tatsächlich eine Eins. Eine Eins. Es war für ihn nicht zu fassen. Er hatte nie im Leben mit einer Eins gerechnet, denn im letzten Test hatte er ja eine fünf. Ihm genügte es schon, dass er eine Vier oder Drei hätte, da er sich so schon ein bisschen verbessert hätte. Aber eine Eins. Der Lehrer sagte ihm: „Glückwunsch zu deiner Eins. Mach weiter so." und zwickte zu ihm. All seine Freunde, die im Raum neben ihm saßen waren sehr froh und freuten sich für Niklas mit, denn für Niklas Freunde war es fast unmöglich von einer Fünf sich zu einer Eins zu verbessern. Auch Hannah, die es mittlerweile wegen dem ganzen Schreien der Klasse gehört hatte, freute sich wirklich sehr für Niklas und sie wusste jetzt, dass sich das ganze Lernen mit Niklas in der Bibliothek gelohnt hat und er es wirklich ernst genommen hat und verstanden hat. Denn das war Hannah eigentlich beim Treffen wichtig: Das er es versteht und nicht nur auswendig lernt, denn ihrer Meinung nach kann man viel bessere Lernen, wenn man den Stoff verstanden hat und nicht nur auswendig lernt und es nicht versteht. Am Ende des Unterrichts als die Pause anfing ging Hannah zu Niklas und sagte ihm, dass sie auch sehr froh ist, dass sich das Lernen gelohnt hat und er eine gute Note hat. Natürlich hat das Hannah nicht vor seinen Freunden gesagt, sondern als Niklas alleine gehen wollte.

Auf dem Rückweg nachhause war Hannah ziemlich froh ihren Eltern zu verkünden, dass sie neben Niklas eine Eins im Test hat. Ihre Eltern würden bestimmt auch überglücklich sein, dachte sich Hannah. Zuhause angekommen sagte Hannah zu ihrer Mutter: „Mama, wir haben den Test in Physik zurückbekommen." Die Mutter fragte Hannah, welche Note sie, denn habe. Hannah wollte nicht sagen, dass sie eine Eins hat. Sie wollte erst mal ihre Eltern reinlegen und sagen, dass sie eine Vier hat. „Eine vier.", antwortete Hannah mit einem traurigen Gesicht. Doch sie konnte sich einfach das Lachen nicht verkneifen und sagte weiter: „Nein Quatsch, natürlich nicht. Ich habe eine Eins!" Ihre Eltern waren ziemlich froh und stolz auf ihre Tochter, dass sie erneut eins Eins im Test hat. Hannahs Vater, der inzwischen auch das Gespräch gehört hat, sagte zu Hannah: „Na, da hat sich ja das Lernen mit Deiner Freundin gelohnt." Hannah wusste, dass ihr Vater Niklas in der Bibliothek meinte. Sie hat ihren Eltern immer noch nicht die Wahrheit gesagt und hatte es auch nicht jetzt vor zu sagen, denn, wie bitte sollen die Eltern so etwas herauskriegen. Sie nickte und stimmte auch ihrem Vater zu. Ihre Mutter rief dann nach wenigen Minuten Hannah zum Essen: „Hannah, Essen ist fertig." Auf dem Weg von ihrem Zimmer zur Küche

fragte Hannah gleichzeitig: „Was gibt's denn?"
„Lasagne, eines deiner Lieblingsgerichte.",
beantwortete die Mutter. Hannah war glücklich, denn
für sie war es nicht selbstverständlich genug und
leckeres Essen zu haben. Hannah war im Großen und
Ganzen immer ziemlich sparsam und dankbar, was
auch an ihrer Erziehung der Eltern lag. Sie war nie eine
von denen, die verweigerte Blumenkohl zu essen, nur,
weil es ihr nicht schmeckte. Im Gegenteil sie mochte
die meisten gesunden Sachen wie Gemüse und Obst.
Natürlich gab es einige Essensfeinde für Hannah wie
z.B. rote Beete. Hannah konnte einfach nicht rote Beete
essen. Schon alleine die Vorstellung war für Hannah
schrecklich. Jedoch wussten ihre Eltern das auch und
machten bewusst nie Essen mit rote Beete. Sie setzte
sich an den Essenstisch und wartete bis ihre Mutter
den Teller anrichtete. Sie fing direkt an mit dem Essen
und aß ziemlich hektisch und schnell, weil sie
unfassbar großen Hunger hatte. Denn sie hatte sie
fünfte und sechste Stunde Sport und hat dort fleißig
mitgemacht und deswegen hat Hannah so einen
großen Hunger. Als sie dann mit dem, wirklich großen,
Lasagne-Stück fertig war bedankte sie sich bei ihrer

Mutter mit einem Kuss für das Essen und ging ins Zimmer. Nach einigen Stunden als es schon Abend war, sagte Hannahs Mutter zu ihr: „Hannah, weil du eine gute Note in Physik geschrieben hast, darfst du dir am Wochenende ein kleines Geschenk in der Stadt aussuchen." Hannah freute sich sehr, umarmte ihre Eltern, bedankte sich und nahm natürlich das Angebot an. Am Wochenende stand Hannah gegen 10 Uhr auf, was für Ihre Verhältnisse eigentlich ganz gut war, da sie fast immer am Wochenende komplett ausschläft und das bis 12 Uhr. Sie stand auf und kam erst mal im Bett zu sich wach anschließend ging sie zur Küche und begrüßte ihre Eltern. Nachdem dann alle auch noch sich fertig gemacht und gefrühstückt haben wollten sie zur Stadt los gehen, um Hannah das Geschenk zu kaufen. Sie fuhren mit dem Bus zur Stadt, weil das einfach das einfachste und schnellste Transportmittel war. Anschließend bummelten sie noch etwas in der Stadt und Hannah hielt die Augen nach einem guten, kleinen Geschenk offen, da sie bis zu diesem Zeitpunkt nicht wusste, was genau sie haben will. Als einige Minuten vergingen sah Hannah plötzlich einen Jungen, der fast genau so wie Niklas aussah. Der Junge war von einer anderen Frau vorne verdeckt, aber von den Haaren konnte Hannah ihn erkennen. Sie wurde etwas nervös und dann sah sie den Jungen. Tatsächlich, es war Niklas mit seinen Eltern, der hier auch in der Stadt bummelte. Hannah sah ihn und sagte mit einem Lächeln ein kurzes: „Hi!" Niklas sagte zu Hannah auch ein kleines „Hey!" und sie gingen weiter. Hannahs Mutter fragte dann, wer das, denn war. Hannah antwortete ihr, dass es der „neue" Mitschüler war, der ja eigentlich schon seit Januar an der Schule ist. Als sie dann weiter in der Stadt rumliefen entdeckte Hannah auf einmal eine Handyhülle mit ganz vielen Smileys, die ihr direkt ins Auge sprang. Sie ging in einen ziemlich zügigen, fast zu schnellen, Tempo zu der Handyhülle und ist auf dem kurzen Weg dorthin gegen eine andere Frau geknallt, da sie einfach nicht auf ihre Umgebung geachtet hat. Hannah war kurz verwirrt und entschuldigte sich vielmals bei der Frau: „Entschuldigung, ich hab sie wirklich nicht gesehen." Die Frau nahm die Entschuldigung an und Hannah war schon in Gedanken wieder bei der Handyhülle. Hannahs Eltern liefen Hannah hinterher, um zu sehen, wohin sie geht. „Mama, Papa, kann ich bitte diese

Handyhülle als Geschenk?", fragte Hannah ihre Eltern mit einem fragendem Gesicht. Der Vater blickte kurz auf den Preis der Handyhülle und nickte zur Mutter. Die Mutter antwortet Hannah: „Ja gut. Sie ist nicht zu teuer, aber passt sie dir denn in dein Handy rein, nicht das sie zu klein oder groß ist." „Dankeschön. Ja, natürlich passt sie rein. Da steht doch Samsung S5." Die Mutter sagte Hannah, dass sie dann die Handyhüllen mitnehmen soll und sie gingen anschließend zur Kasse, um die Hülle zu bezahlen. Nachdem Kauf der Hülle war Hannah sehr froh und umarmte ihre Mutter und ihren Vater und bedankte sich sehr. Hannah war schon eigentlich lange auf der Suche nach einer schönen und passenden Handyhülle. Entweder waren die anderen Handyhüllen nicht für Ihr Handy oder sie haben Hannah einfach nicht gut genug gefallen.

Montag als Hannah wieder von der Schule kam rief ihre Mutter sie an den Esstisch, weil sie mit Hannah etwas wichtige besprechen wollte. Hannah hatte noch keine Ahnung, was los war und wunderte sich, wieso ihre Eltern mit ihr über etwas wichtiges sprechen wollen. „Also setzt dich Hannah, wir wollen mit dir sprechen.", sagte der Vater zu Hannah, die gerade dabei war sich zu setzten. „Also wir planen gerade unseren Urlaub in den Sommerferien und, wenn du nichts dagegen hast fahren wir für eine Woche nach Paris." In Hannahs Gesicht entwickelte sich ein riesig breites Lächeln. Sie konnte es kaum fassen, dass sie tatsächlich in den Ferien nach Paris fährt, oder fliegt? Hannah sagte ihren Eltern: „Oh mein Gott. Jaaaaa! Ich freue mich total! Danke, Danke, Danke, Danke, Tausend Dank! Aber eine Frage: Fahren wir mit dem Zug oder fliegen wir?" Hannah Mutter antwortete: „Wir fahren mit dem Zug." Hannah war immer noch froh, weil sie eigentlich Zug fahren etwas mehr mochte als fliegen, weil sie einfach die Stimmung und die Atmosphäre mochte an einem Platz zu sein, aber trotzdem an den ganzen Dörfern und der Natur vorbeizurasen. Hannah fragte ihre Eltern, ob sie den schon die Reise gebucht haben oder dies noch erledigen müssen. Die Mutter antwortete: „Nein, wie haben sie noch nicht gebucht. Aber, wenn du mitkommen möchtest, können wir das alle gemeinsam morgen machen." Hannah wollte selbstverständlich mitkommen, um sich auch genauer über das Hotel, die

Fahrt und die Stadt Paris an sich zu informieren. Deshalb sagte sie nicht nein zu dem Angebot. Ihr Vater sagte ihr noch dazu, dass sie dann aber mit dem Bus fahren muss, wie jeden Schultag, aber sie wenige Stationen vorher aussteigen muss. „Dann können wir und direkt da an der Busstation treffen und können gemeinsam zum Reisebüro gehen. Um wie viel Uhr kommst du denn so an?", fragte die Mutter Hannah. „So gegen Viertel vor zwei.", antwortete Hannah, die sich schon sehr auf den Dienstag freute. In der Nacht konnte Hannah kaum schlafen, weil sie sich die komplette Nacht Gedanken über die Reise, die Fahrt und Paris machte. Sie machte sich schon Pläne, wie sie, was machen möchte und dabei vergaß sie komplett die Zeit. Schließlich schlief sie dann gegen 3 Uhr nachts ein.

Als es dann 6 Uhr war, weckte Hannahs Mutter sie und sie stand auf. Sie war wie eigentlich jeden Schultag müde, denn sie war noch nie so ein richtiger Morgenmuffel, der 5 Uhr morgens aufstehen konnte. Hannah war dagegen wie ihr Vater nachtaktiv und eine richtige Nachteule. Sie kann sich sogar nachts besser konzentrieren als früh morgens. Natürlich bedeutet das aber jetzt nicht, dass Hannah ihre Hausaufgaben nachts machte oder nachts lernt, jedoch hat sie einfach die Erfahrung gemacht, dass sie eine echte Nachteule ist. Sie stand auf und ging erst mal an ihr Fenster, um es einmal komplett aufzumachen, damit ihr Zimmer mal durchgelüftet wird. Das war für Hannah schon ein kleines morgendliches Ritual, was sie jeden Tag machte und komischerweise konnte sie danach immer besser in den Tag starten. Sie schloss die Augen und genoss die Morgengeräusche. Heute hörte sie zum ersten mal nach wirklich sehr langer Zeit die Vögel zwitschern und schon hatte sie ein Lächeln am frühen Morgen im Gesicht. Hannah war schon auch wegen Kleinigkeiten ziemlich glücklich und froh, aber auch dankbar. Denn für sie müssen es immer nicht die ganz großen Sachen sein. Natürlich freut sie sich, wenn sie mal in den Urlaub kann oder ein etwas größeres Geschenk von ihren Eltern zum Geburtstag bekommt, aber auch gutes Wetter oder eine gute Note waren für die Glück und auch Dankbarkeit. Nach dem sie mit dem Lüften fertig war, zog sie sich schnell die Klamotten an, die sie sich schon am Vortag raus gelegt hatte und auf ihren Stuhl getan hat. Denn Hannah hatte ehrlicherweise morgens nicht die Lust und auch nicht die Zeit ihr „Outfit" für den Tag heraus zu suchen. Nach dem Anziehen ging sie zur Küche, wo sie mal richtig ihren Eltern „Guten Morgen!" sagte. Hannah nahm sich eine Schüssel aus dem Schrank, schüttete Cornflakes hinein und machte den Kühlschrank auf und griff zur Milch. Sie öffnete die Flasche und gab Milch in die Schüssel ein und holte sich einen Löffel. Mit der Schüssel und dem Löffel setzte sich Hannah an den Esstisch, wo schon der Vater saß und neben dem Frühstücken die Zeitung las. Die Mutter erinnerte Hannah dran, dass sie heute nicht bis nach zuhause fahren soll, sondern nur bis zum Reisebüro. Hannah sagte: „Gut. Und ihr seid dann auch an der Haltestelle, oder?" Die Mutter antwortete: „Ja. Dann können wir gemeinsam zum Reisebüro gehen." Nach dem Frühstück ging Hannah nochmal in ihr Zimmer und nahm ihre Schultasche, die vor ihrem Kleiderschrank, der links neben der Tür war. Sie nahm die Tasche und ging zum Flur, um sich dort ihre Jack und ihre Schuhe anzuziehen. Hannah öffnete den Schuhschrank und nahm ihre Stiefel raus, die ihr bis zu den Knöcheln gingen und somit nicht al zu winterlich waren. Sie verabschiedete sich mit ihren

Eltern mit einem Kuss und verließ das Haus und machte sich auf dem Weg zur Busstation mit einem Lächeln wegen der Vorfreude auf die Reisebuchung.

Als Hannahs Schultag zu Ende ging, ging sie wie jeden Tag aus der Schule raus und drängelte und quetschte sich mit den anderen Schülern, die auch so schnell wie möglich die Schule verlassen wollten. So war es so gut wie jeden Tag: Keiner achtete auf den anderen. Als sie dann durch die Tür kam, war sie auf dem Weg zum Bus. Auf dem Weg erinnerte sie sich nochmals, dass sie heute nicht bis nachhause fährt, sondern wegen dem Reisebüro vorher aussteigen muss, denn im ganzen Schulstress und Schulalltag hatte sie das beinahe vergessen. Im Bus dachte Hannah sehr viel über die Stadt – Paris – nach. Wie wird es wohl dort sein? Wie wird die Zugfahrt? Wie wird das Hotel sein? Wie wird das Essen sein? Diese ganzen Fragen stellte sie sich selber und dabei wurde ihre Vorfreude von Frage zu Frage und von Gedanke zu Gedanke immer noch größer. Als sie schließlich dann an der Busstation ankam, an der sie aussteigen musste, stand sie auf und ging aus dem Bus raus. Sie blickte erst mal nach rechts und dann nach links, um ihre Eltern zu suchen. Doch sie fand sie auf dem ersten Blick nicht. Sie ging zwei Schritte nach vorne, um die anderen Leute nicht im Wege zu stehen und guckte ganz genau nach. Doch trotzdem fand sie ihre Eltern nicht. Die Bushaltestelle war ziemlich groß und etwa 100m lang. Deswegen ging sie mit ziemlich besorgten Gedanken zum Ende der Station in der Hoffnung, dass ihre Eltern vielleicht dort sein werden. Doch Fehlschlag! Auch dort waren sie nicht. In Hannah entwickelte sich eine Mischung aus Panik, Angst und Nervosität. Hannah dachte sich, was wohl wäre, wenn ihre Eltern das Treffen komplett vergessen haben oder, wenn die Eltern schon im Reisebüro wären und ohne Hannah gegangen sind. Hannah wusste nicht mehr weiter und stand für den Moment verwirrt und steif an der Station dar. Sie konnte auch nicht ihre Eltern anrufen, um nachzufragen, weil sie ihr Handy nicht mit nehmen durfte, weil ihre Eltern nicht wollten, dass Hannah schon in der fünften Klasse ihr Handy mit zur Schule bringt. Hannah drehte sich um und vor ihr standen plötzliche ihre Mutter und Vater. Ein Stein fiel Hannah vom Herzen. Sie atmete laut aus. Es war eigentlich ein Atem zur Entspannung. „Wo ward ihr? Ich habe Euch die ganze Zeit gesucht. Ich dachte ihr wärt ohne mich gegangen oder hättet das Treffen vergessen.", sagte Hannah zu ihren Eltern und begrüßte die gleichzeitig. Der Vater antwortetet: „Ja, wir haben noch ein Parkplatz gesucht. Du weißt nicht, wie voll das hier in der Stadt ist." Hannah und ihre Eltern machten sich auf zum ersten Reisebüro, was sie im Internet gefunden haben. Das Reisebüro war etwa 150m von der Bushaltestelle entfernt und daher gingen sie die kurze Strecke auch zu Fuß. Auf dem Weg erzählte Hannah, wie ihr Schultag war, was sie gemacht hat und welche Hausaufgaben sie auf hat. Als sie dann vor dem Reisebüro standen, machte der Vater die Tür auf und die drei gingen herein. Hannah sah schon von vorne rein, dass das Reisebüro ziemlich voll mit Kunden war und die Familie höchst wahrscheinlich sehr lange warten müssten. Außerdem gab es an dem Tag im Reisebüro, der arbeitet. Der Mitarbeiter war in dem Moment am telefonieren und gleichzeitig auch in einem Kundengespräch als Hannahs Eltern und sie selbst rein kamen. Nach dem Telefonat sagte der Mitarbeiter zu der Familie: „Guten Tag, sind sie da, um etwas abzuholen?" Der Vater verneinte die Frage und sagte ihm, dass sie gerne ihren Urlaub hier buchen wollen. „Oh, da müssen sie sich heute aber wirklich sehr gedulden. Das kann sehr lange heute dauern, da mein Kollege krank ist und ich heute hier alleine bin.", sagte der Mitarbeiter mit großen Augen. Die Mutter flüsterte zu Hannahs Vater: „Ja, dann lass uns doch in ein anderes Reisebüro, bevor wir hier stundenlang warten und es am Ende zu teuer ist oder was weiß ich. Danach haben ja auch die meisten Reisebüro geschlossen." Der Vater war der gleichen Meinung der Mutter, denn auch er wollte nicht stundenlang warten. Er war der festen Überzeugung, dass sicherlich einer der anderen Reisebüro nicht so voll sind wie hier das erste. „Gut, dann kommen wir wann anderes wieder.", sagte die Mutter zum Mitarbeiter und verabschiedete sich somit. Die Familie wollte natürlich nicht wann anderes wieder kommen, aber die Mutter hat das einfach mal so zur Verabschiedung gesagt. Hannah und ihre Eltern waren jetzt auf dem Weg zum zweiten Reisebüro und hofften, dass das auch nicht so voll ist wie das erste. Hannah hatte noch Hoffnung, dass sie heute ihren Urlaub buchen können, denn sie war im größten Teil oft – aber noch sicher nicht immer –

optimistisch. Zumindest arbeitete sie an ihrem Optimismus und der Positivität, um z.B. in der Bussituation nicht al zu schnell Panik und Angst zu kriegen, sondern sich stattdessen einfach zu entspannen und nicht sich zu stressen. Auch das zweite Reisebüro lag nicht wirklich von dem Standpunkt. Als sie beim zweiten Reisebüro ankamen, sah Hannah schon von außen, dass das Reisebüro noch lange nicht so voll war wie das vorherige. Sie gingen durch die Tür und der Mitarbeiter begrüßte sie. Sie saßen sich und warteten bis sie dran waren, was keine 15 Minuten dauerte. Der Mitarbeiter bat sie, doch herzukommen und sich zu setzten. Sie saßen sich und fingen an. „Was kann ich denn für sie tun", leitete der Mitarbeiter das Gespräch ein. Die Mutter fing an zu beschreiben, was sie wollten: „Wie wollten hier ein Hotel in Paris in den Sommerferien buchen. Aber bitte ohne Fahrt, also nur das Hotel." Der Mitarbeiter fragte: „Gut, wissen sie denn schon wie lange sie bleiben möchten?" Die Mutter teilte ihm mit, dass sie gerne für eine Woche dort bleiben wollen und auch die Kriterien, welches das Hotel haben muss, teilten sie ihm mit. „Gut, dann gedulden Sie sich bitte mal einen kurzen Augenblick, ich such für sie das beste Angebot heraus.", sagte der Mitarbeiter, der dann wieder auf den Bildschirm seines PCs blickte. Hannah guckte sich im Reisebüro, natürlich vom Platz aus, etwas um. Es roh ziemlich stark nach frischem Kaffee, was daran lag, dass der Mitarbeiter des Reisebüros eine Tasse Kaffee hatte. Doch Hannah mochte diesen Duft von Kaffee, der schon so ein bisschen speziell für sich selber ist. Sie fand den Geruch etwas alt und einfach herrlich. Sie blickt auf seinen Schreibtisch, der wirklich voll gepackt war, also ordentlich konnte man das wirklich nicht nennen. Telefon, Notizen, Reisebuchungen, Schreibwaren, Kaffee, Kabel und und und. Dann fing der Mitarbeiter an, ihnen das Angebot zu verraten: „Also, das beste und billigste Angebot für ein mittelmäßig gutes Hotel kann ich Ihnen für 893,98 Euro bieten." Die Eltern guckten sich gegenseitig mit großen Augen an und beratschlagten sich kurz. „Ähm, wir überlegen uns das Angebot und kommen vielleicht dann vielleicht bald wider.", sagte der Vater und die drei verließen das Reisebüro. Hannah gab schon fast die Hoffnung auf und war schon enttäuscht, aber auch etwas wütend auf ihre Eltern, die das Angebot nicht angenommen haben. Deshalb fragte sie ihre Eltern in einem etwas wütenden Ton, der aber nicht zu extrem war: „Wieso habt ihr das Angebot nicht genommen? Das war doch gut?" Die Mutter antwortete ruhig: „Hannah, beruhige dich. Das war schon zu teuer. Wir gehen jetzt in ein anderes Reisebüro und gucken, wie viel es dort kostet." Hannah stimmte zu, hatte aber definitiv keine großen Hoffnungen. Dort angekommen fing das gleiche Spiel wie im letzten Reisebüro an. Der Mitarbeiter fragt nach der Reise. Die Eltern haben ihm alles genau beschrieben, wann sie, wohin und für wie lange Urlaub machen wollen. „So, dann such ich mal für Sie das beste Angebot aus.", sagte der Mitarbeiter, dessen Tisch nach Hannahs Anblick viel ordentlicher und schöner war, als das letzte Reisebüro. Sie hoffte innerlich sehr, dass der jetzt ihnen ein gutes Angebot macht, dass nicht so teuer wie das vorherige Reisebüro ist. Sie biss die Zähe zusammen als der Mitarbeiter anfing zu sagen: „Also, ich hab für sie ein Angebot im Hotel Parisiana, das ein 3-Sterne Hotel ist, WLAN hat und es morgens zusätzlich noch Frühstück gibt. Außerdem ist das Hotel auch ziemlich in der Nähe des zentralen Bahnhofs dort, weil sie ja gesagt haben, dass

sie mit dem Zug fahren, oder? Das war doch richtig?"
„Ja, ist richtig so.", sagte der Vater, der sehr auf das
Angebot des Reisebüros gespannt war. „Also das Hotel
kann ich Ihnen bieten für sieben Tage, sechs Nächte
632,65 Euro." Die Eltern guckten sie gegenseitig an
und nickten und waren ziemlich zufrieden mit dem
Angebot, was ihnen der Mitarbeiter vorschlug. Hannah
atmete aus, weil sie so gespannt auf das Angebot war,
und freute sie ziemlich sehr, weil sie wusste, dass die
Eltern das Angebot annehmen werden. Es ist sogar
unter dem Budget der Eltern gewesen, denn so wie
Hannahs Eltern ihr gesagt haben, lag das Budget für
den Urlaub bei etwa 650 Euro. Dann kamen die ganzen
Formalitäten wie Name, Anschrift, Geburtsdatum und
so weiter. Für Hannah war das eigentlich der
langweilige Teil, aber ihre Lippen standen trotzdem bis
an den Augen wegen ihrer Freude auf die Reise. Als die
Formalitäten nach wenigen Minuten geklärt waren,
stand der Mitarbeiter auf und ging rüber zu seinem
Regal, wo ein Drucker stand. Dort fragte er Hannah:
„Und, das erste mal Paris?" Hannah antwortete dem
Mitarbeiter: „Ja." und lächelte. „Na dann, empfehle ich
dir mal im Internet ein bisschen über die Stadt zu

suchen und zu gucken, welche Sehenswürdigkeiten und andere Plätze dich und deinen Eltern interessieren, denn Paris ist wirklich eine sehr schöne und große Stadt.", riet der Mitarbeiter Hannah, die das auch schon vor hatte. Sie liebte alles, was mit Organisation oder Planung zu tun hatte. Sie war zwar ab und zu chaotisch, aber sie wollte unbedingt unter anderem beispielsweise den Urlaub mitplanen und gucken, welche Ort für sie alle interessant sind und, was sie auf der Fahrt dorthin machen kann und, wie das Hotel aussieht und vieles mehr. Als dann die Eltern noch unterschrieben, teilte ihnen der Mitarbeiter mit, dass sie die endgültigen Reisebuchungen etwa 2-3 Wochen vor dem eigentlichen Urlaub zugesendet bekommen. Anschließend verabschiedeten sich alle und Hannah bekam noch als kleines Werbegeschenk ein Mini-Schokoladentafel. Als sie aus dem Reisebüro draußen waren, umarmte Hannah ihre Eltern ganz fest und bedankte sich bei denen für die Reisebuchung. „Na, siehst du. Hier war es viel billiger als im anderen Reisebüro.", sagte der Vater zu Hannah, die zugab, dass sie dezent übertrieben hat. Trotzdem freuten sich schon alle auf den Sommerurlaub in Venedig, der schon in in knappen vier Monaten anstand. In den weiteren paar Monaten zum Urlaub wuchs die Freude von Hannah als auch von den Elten von Tag zu Tag mehr. In den letzten Monaten hatte sie sich auch immer weiter in der Schule verbessert und ihr hat im Frühsommer langsam die Schule angefangen richtig Spaß zu machen. Hannah musste sich nicht mehr so zum Lernen quälen und zwingen wie früher, sondern hat es einfach gemacht und gut war es. Das hatte die Folge, dass sie dementsprechend auch ziemlich gute Noten schrieb und sich auch ziemlich oft im Unterricht meldete, um auch im mündlichen Teil gut zu sein und nicht eingeschüchtert wie als sie noch von Sabrina und ihrer Gang gemobbt wurde. Natürlich konnte Hannah jetzt nicht sagen, dass sie lieber lernen würde als Serien zu gucken, aber sie fand das normal in ihrem Alter. Bis zum Sommer hat sie sich auch immer mal wieder mit Niklas getroffen und das alles verdeckt, denn selbstverständlich hat sie Niklas nicht mit nachhause genommen oder ist zu ihm gegangen. Nein. Sie hat ihre Eltern weiter angeschwindelt, dass sie mit ihrer „Freundin" in der Bibliothek lernen müsse. Hannahs Eltern haben ihr das geglaubt, da sie nicht wussten, dass Hannah sich mit Niklas trifft und, weil sie sich ja auch seit dem letzten Halbjahr sehr stark verbessert hatte. Also hatten die Eltern prinzipiell nichts gegen dem Treffen mit der „Freundin", die ja eigentlich Niklas war.

Es war Freitag, Ende Juli, doch es war kein normaler Freitag, denn heute war es soweit! Hannahs Mutter weckte sie und sie sprang sofort aus dem Bett, machte sich fertig, ging ins Bad und guckte sich im Spiegel an. Sie sah sich von oben bis nach unten an. Ihre blonden, schulterlangen Harre, ihre meerblauen Augen, ihre spitze Nase und ihren kleinen Mund. Sie lächelte. Hannah machte sich fertig und nach dem Frühstück war sie auf dem Weg zur Busstation. Sie und ihre Eltern lebten nicht al zu weit von der Stadt entfernt und lebten in einem Altbau, dass Hannah ziemlich schön fand. Gerade wegen den ganzen detailreichen Verzierungen und kleinen Details und auch dem etwas altmodischen Stile. Denn Hannah mochte neben modernen Sachen auch altmodische und teilweise auch veraltete Sachen. Sie liebte beispielsweise den Geruch von alten Büchern, wenn sie in den Seiten blättert und daran riecht. Auf dem Weg musst sie eigentlich nur ihre Straße entlang, etwa 300m und dann war sie auch schon an der Busstation. Hannah war ganz vertieft in Gedanken. Sie dachte an ihr Zeugnis und war ziemlich aufgeregt, weil heute die Zeugnisausgabe des zweiten Halbjahres war. Hannah war so drin in ihren Gedanken, dass sie ohne auf die Straße zu gucken, fast von einem Auto überfahren worden wäre. Als sie mitten auf der Straße war, bremste das Auto noch rechtzeitig und war ein Haar von Hannah entfernt. Sie erschrak sich heftig und zuckte stark mit ihrem ganzen Gesicht und nahm schon aus Reaktion die Hände vors Gesicht. Hannah sah, dass sich der Autofahrer im Auto darüber aufregte und sichtlich wahrscheinlich schimpfte. Hannah ging schnell ihren Weg weiter, um zum einen den Bus nicht zu verpassen und um zum anderen dem Auto nicht im Weg zu stehen. Die Situation war Hannah ziemlich peinlich, doch sie war auch sehr froh, dass das Auto noch rechtzeitig und haargenau vor ihr laut mit quietschenden Reifen anhielt. Sie ging die Straße weiter und als sie schließlich an der Busstation ankam setzte sie sich, um auf dem Bus zu warten. Doch der war heute ziemlich früh dran und kam schon direkt. Hannah war verwundert, aber stieg in den Bus ein und sie sah leere Plätze. Das war eigentlich an solchen Tagen und an dieser Uhrzeit für die Buslinie nicht gewöhnlich, doch Hannah dachte sich, dass wahrscheinlich wegen der Verfrühung des Busses die anderen Fahrgäste den Bus nicht bekommen haben. Sie ging in den hinteren Teil des Busses und setze sich. Während der Busfahrt dachte sie teils an ihr Zeugnis, an das Halbjahr, an ihre Noten, an ihre Veränderungen, aber auch an die Sommerferien. Denn heute – am Tage der Zeugnisausgabe des zweiten Halbjahres – war der letzte Schultag vor den Sommerferien. Hannah erinnerte sich dann anschließend daran, dass sie ja schon nächste Woche Dienstag nach Paris fahren werden. Sie freute sich noch mehr als früher und war auch schon auf Paris sehr gespannt. Als sie dann nach etwa 30 Minuten Fahrt an der Busstation ankam, an der sie aussteigen musste, war Hannah so sehr abgelenkt, dass sie vergaß auszusteigen. Als der Bus dann an der Station weiter fuhr und sie die anderen Schüler der Schule sah, die aus den anderen Bussen ausstiegen, stand sie panisch auf und lief zur Tür. Sie rief „Entschuldigung, kann ich noch raus." zum

Busfahrer in der Hoffnung, dass er die Türe aufmacht, denn sie hat es schon oft erlebt, dass die Busfahrer erst an der nächsten Station die Türe aufmachten. Doch der Busfahrer war freundlich und antwortete: „Natürlich." und mach die Tür auf. Hannah ging aus dem Bus raus und sie dachte sich nur, wie peinlich die Situation war. Sie war auf dem Weg zur Schule. Von der Busstation etwa 50m entfernt. In der Eingangshalle der Schule angekommen, guckte sie erst mal auf den Vertretungsplan, der an einer Magnetwand war. Keine Vertretung für heute. Gut. Heute hatten die Schüler wegen den Zeugnissen nur die ersten drei Stunden Unterricht, da danach die Zeugnisse und Urkunden für das Schuljahr von den Klassenlehrer ausgeteilt werden. Sie ging weiter nach vorne, wo sie Lisa sah. Hannahs neue Freundin. Lisa und Hannah waren jetzt schon seit März gute Freunde. Sie redeten immer in der Pause über jedes mögliche Thema und verabredeten sich auch manchmal. Sozusagen war Lisa Hannahs neue, vielleicht beste, Freundin. Hannah wusste einfach nicht, ob Lisa jetzt wirklich ihre beste Freundin ist, aber sie war sich sicher, dass sie eine gute Freundin ist. Mit den anderen Mädchen aus der Klasse hatte

Hannah fast gar keinen Kontakt. Sie begrüßte morgens vielleicht ein oder zwei Mädchen mit einem kurzen „Hi!" oder redete mal kurz in der Pause mit den, aber so richtig gut befreundet waren die anderen Mädchen mit Hannah nicht. Aber auch das Verhältnis zwischen Hannah und Sabrina hatte sich verbessert, sie waren zwar keine besten Freunde, aber redeten mal ab und zu miteinander. Als Hannah Lisa sah ging sie zur ihr. „Hi, Hannah", sagte Lisa mit einem Lächeln. Auch Hannah begrüßte Lisa. Dann fingen sie an die restlichen fünf Minuten, die noch bis zum Unterrichtsbeginn übrig blieben, über ihre Noten und über ihr Zeugnis zu reden. Lisa war auch wie Hannah eine gute Schülerin. Sie hatte nicht in jedem Fach eine 1, aber sie war sehr zielstrebig. Als es dann zum Unterrichtsbeginn klingelte gingen die beiden hoch in den ersten Stock, wo sie jetzt Mathe hatten. Neben Deutsch und Sport ist Mathe Hannahs Lieblingsfach. Sie war nicht eine von den, die Mathe nicht verstanden. Weil sie aufpasste und schön im Unterricht mitschrieb und genug für die Klassenarbeiten und Tests lernte war sie ziemlich gut in Mathe. Aber Hannah war keines Fall der Mathe-Typ, der es auch ohne zu lernen, kann und eine gute Noten schreibt. Im Unterricht saß Hannah neben Lisa und sie redeten manchmal mit einander über beliebige Themen. Jedoch passten sie den Großteil des Unterrichts auf, da beiden wussten, dass sie sonst vom Lehrer ermahnt werden oder nichts verstehen werden. Hannahs Mathelehrer war Herr Rantz. Der Lehrer konnte ziemlich nett sein, aber auch sehr streng und das mochte Hannah an ihm. Er war jetzt nicht Hannahs und Lisas Lieblingslehrer, aber er erklärte den Lernstoff ziemlich gut und war auch zu den Hannah und Lisa sehr freundlich. Nach dem Unterricht, als Hannah und Lisa draußen auf dem Schulhof spazierten, stiegen Hannahs und Lisas Aufregung auf die Zeugnisse, denn jetzt gleich war es soweit. Als es dann nach etwa 15 Minuten wieder klingelte gingen sie zu ihrem Klassenraum und warteten dort auf dem Gang auf die Klassenlehrerin, Frau Gäsner, um mit Deutsch anzufangen. Auch das Fach war Hannahs Lieblingsfach, weil die etwa Mitte 30-jährige Lehrerin sehr nett war und den Stoff auch sehr gut und verständlich erklärte. Sie war Hannahs Lieblingslehrerin, weil Hannah ihren Typ sehr mochte. Nach der einen Stunde Deutschunterricht kündigte die

143

Deutschlehrerin an, dass sie jetzt erst mal mit den Urkunden anfangen wird. Nach einander rief sie die Schüler auf, um ihre Urkunden abzuholen. Hannah hatte drei Urkunden bekommen. Die erste war von einem Sponsorenlauf, wo sie 12km gelaufen ist, die zweite war ein Mathe-Wettbewerb und die dritte war ein biologischer Wettbewerb. Doch Hannah waren die Urkunden jetzt in dem Moment nicht sehr wichtig. Sie legte die Urkunden in ihre Mappe und hoffte, dass die Lehrerin jetzt mit der Zeugnisausgabe anfangen wird. Hannah konnte sich nicht mehr gedulden und noch warten. Sie wollte endlich ihr Zeugnis – mit hoffentlich guten Noten – in die Hände halten können. Sie wartete und wartete bis nach der Urkundenverleihung die Deutschlehrerin sagte: „Also, jetzt machen wir genau das gleiche Prinzip nur noch mit den Zeugnissen. Einige Schüler müssen wirklich noch viel machen und sich verbessern, denn ja in der fünften Klasse könnt ihr nicht „fliegen" - so wie ihr das ja nennt – doch eure Noten können sich nicht binnen eines Halbjahres von einer fünf zu einer eins verbessern. Also arbeitet da noch weiter. Für die, die noch Förderunterricht brauchen habe ich ein Blatt hinzu gelegt, damit ihr euch nicht wundert, warum da eine Büroklammer mit noch einem Papier an eurem Zeugnis ist." Hannah biss sich die Zähne zusammen und wartete eine ganze Weile bis die Lehrerin endlich bei ihrem Zeugnis war. Sie hieß Schäffer, und musste entsprechend bis zum Buchstaben „S" warten und warten und warten. „Hannah Schäffer", rief die Lehrerin. Hannah stand von ihrem Platz auf. Die Tische der Klasse waren in Reihen aufgebaut und sie saß komplett links an den Fenstern und hatte so einen „langen" Weg. Sie sah schon von weitem, dass bei ihrem Zeugnis eine Büroklammer mit einem anderen Papier befestigt war. Hoffentlich hat sie keine sehr schlechten Noten, dachte sich Hannah. Als Hannah vorne ankam gab die Lehrerin ihr die Hand – wie bei den anderen Schülern – und gratuliert. Ohne, dass Hannah noch auf das Zeugnis drauf geguckt hat, sagte die Lehrerin zu Hannah: „Du hast dich echte seit dem letzten Halbjahr in jedem Fach sehr verbessert. Die Lehrer waren in der Zeugniskonferenz sehr zufrieden mit dir. Mach weiter so, sehr gute Entwicklung, Hannah." Aus Hannahs Herz fiel ein Stein und sie atmete sie ganze Aufregung, Nervosität, Sorge und Angst aus und war glücklich.

Noch hatte sie immer noch nicht drauf geguckt, aber immerhin wusste sie jetzt, dass sie gute Noten hat und das zweite Blatt wahrscheinlich für irgendetwas anderes sein wird. Sie bedankte sich bei der Lehrerin und ging an ihre Platz. Auf dem Weg blickte sie auf ihr Zeugnis und sie sah ihre Noten. Deutsch 2. Mathe 2. Sport 1. Englisch 2. Biologie 3. Erdkunde 1. Religion 1. Kunst 2. Musik 2. Politik 3. Hannah war überglücklich, dass sie so ein gutes Zeugnis mit den ganzen guten Noten hat. Als sie sich dann setzte, fragte Lisa Hannah, wie ihr Zeugnis sei. Hannah antwortete Lisa: „Gut. Also ich bin voll und ganz zufrieden und richtig happy. Ich hätte nie gedachte, dass ich nur zwei Dreien habe und der Rest Eins und Zwei ist. Und, wie ist dein Zeugnis?" „Auch gut. Eigentlich fast wie deines. Nur mit drei Dreien und der Rest ist bei mir auch mit Einsen und Zweien. Komm gib High-Five!", antwortete Lisa zu Hannah. Beide waren sehr glücklich und zufrieden mit ihren Noten. Vor allem Hannah. Sie war so stolz auf sich, dass sie es geschafft hat, sich so stark innerhalb des Halbjahres zu verbessern. Sie hätte das niemals gedacht. Na, also ein perfekter Start in die Sommerferien, oder? Als Hannah dann auf dem Weg nachhause war freute sie sich schon auf die Reaktion ihrer Eltern. Denn Hannahs Eltern würden bestimmt auch ganz stolz und froh auf Hannah sein. Sie hat sich ja schließlich in den meisten Fächern sehr stark verbessert und nur Einsen und Zweien und zwei Dreien auf dem Zeugnis. Hannah war mit sich selbst sehr zufrieden und wollte sich in der sechsten Klasse weiter so verbessern, dass sie auch im nächsten Zeugnis gute Noten bekommt. Aber das Zeugnis aus der sechsten Klasse war noch lange entfernt, jetzt standen erst mal sechs Wochen Sommerferien mit viel Paris, relaxen, Sonne, Schwimmbad, gutes Wetter und einfach die Zeit genießen für Hannah an. Sie freute sich schon sehr auf die Ferien. Als sie zuhause ankam und ihre Mutter begrüßte, fing Hannah euphorisch zu ihren Eltern zu sagen, dass sie auf ihrem Zeugnis nur Einsen und Zweien hat mit Ausnahme von zwei Fächern. Ihr Vater sagte zu Hannah: „Ach Quatsch, du machst doch Witze. Sag und jetzt deine echten Noten." Hannah: „Nein wirklich! Ich konnte es auch gar nicht glauben!", sagte sie und kramte in ihrer Schultasche herum, um den Eltern das Zeugnis zu zeigen. Als dann die Eltern verstanden, dass Hannah es wirklich ernst meinte freuten sie sich riesig für Hannah und waren ziemlich stolz auf ihre guten Noten und auf ihre starke Verbesserung in den jeweiligen Fächern. Hannah war auch froh und bedankte sich. Doch noch immer hatte sie ihr Zeugnis nicht. Sie kramte im Flur noch weiter in ihrer Tasche, damit sie das Zeugnis endlich ihren Eltern vorzeigen kann. Hannah Vater sagte ihr: „Komm, lass das Zeugnis das gucken wir uns gleich an. Wir wissen doch jetzt schon eh, dass du gute Noten hast. Ich und deine Mutter wollen gerne mit dir in ein Restaurant, einverstanden?" Hannah hörte mit dem kramen und suchen auf und freute sich noch mehr auf das Essen im Restaurant. Somit war sie natürlich einverstanden. Alle drei machten sich fertig und Hannah ging nur noch schnell zur Toilette, machte sich dann „frisch" und schon konnten sie zum Restaurant in die Stadt losgehen. Hannah konnte kaum noch warten, weil sie großen Hunger hatte, doch sie freute sich auf das Restaurant. Sie stiegen alle in das Auto und der Vater fuhr Hannahs Mutter und sie selbst zum Restaurant. Auf dem Weg dorthin fragte Hannah ihre Eltern: „In welches Restaurant gehen wir denn eigentlich?" „In VAPIANO. Dem italienischen

Restaurant, wo es Pasta, Pizza, Salate und so gab."
Hannah mochte ziemlich sehr das Restaurant, weil ihr
das Essen fort sehr schmeckte. Es war für Hannah aber
auch besonders, weil sie nicht immer in ein Restaurant
gehen können, da die Eltern nicht wirklich viel mit
ihrer Arbeit verdienen und dadurch sich nicht alles
leisten können. Nach einer 15-minütigen Fahrt in die
Stadt waren die drei schließlich an dem Restaurant
angekommen und von außen sah es eigentlich schon
wie immer sehr voll aus. Die gingen rein und holten
sich ihre Karte. Auch das war eine Sache, die Hannah
mochte. Sie mochte das ganze Konzept dort in
VAPIANO, dass man sich über die Karte an den
jeweiligen „Essensstation" sein Essen bestellt und man
ganz am Ende das alles bezahlen muss. Den letzten
Part musste natürlich nicht Hannah übernehmen,
sondern ihre Eltern, aber sonst mochte sie eigentlich
sehr viel an dem Restaurant. Als sie dann im
Restaurant war gingen Hannah und ihre Mutter schon
mal an die „Pizzastation" und bestellten sich zwei
Pizzen Tonno. Sie liebte Thunfisch auf Pizza über alles.
Generell mochte Hannah Thunfisch auf fast alles. Sei
es auf einen Salat, auf Pasta oder wie hier auf Pizza.

Der Vater ging schon mal zur „Pastastation" und bestellte eine Pasta Pomodoro, also mit einer Tomatensauce. Hannah und ihre Mutter mussten an der Pizzastation warten, da Hannah unbedingt sehen wollte, wie die dort die Pizzen so gut machen können. Der Vater bestellte schon mal einen Salat und sagte Hannah und ihrer Mutter Bescheid, dass er sich oben setzen werde. Nach wenigen Minuten als Hannah und ihre Mutter dann schließlich auch schon schon fertig waren gingen sie auch hoch und fangen an zu essen. Nach dem Essen schmeckte es wirklich jeden und alle waren papp voll und konnten kein Essen mehr sehen. Also konnte der perfekte Start in die Sommerferien noch besser werden? Zuhause angekommen entspannte sich erst mal die ganze Familie nach dem ganzen großen Essen. Hannah lag auf ihrem Bett und guckte einer ihrer Lieblingsserien. Es war eine Krimiserien, denn Hannah mochte Krimiserien mehr als die anderen, weil sie die Spannung und das Mitraten des Täters liebe. Also guckte sie weiter Folgen ihrer Serie. Nach etwa zweit Stunden Serien suchten wurde ihr auch schon langweilig und sie setze sich an ihr Schreibtisch und machte sich einen Plan, was sie alles in den Sommerferien machen möchte, denn sie wollte diese Ferien nicht wie immer verbringen, in den sie jeden Tag im Bett mit Schokolade oder einer Tüte Chips liegt und YouTube Videos oder halt ihre Serien guckt. Sie wollte diese Ferien wirklich sinnvoll komplett auszunutzen und damit meinte Hannah nicht unbedingt, dass sie jeden Morgen um 6 Uhr aufstehen möchte und lernen will. Klar die letzte Woche der Ferien muss sie sich auch schon auf die Schule vorbereiten, aber bis dahin war noch sehr viel Zeit. Also setze sie sich an ihren Schreibtisch der genau gegenüber der Tür war und an einem Fenster lag, damit sie auch genügend Helligkeit an ihrem Schreibtisch hat. Sie nahm sich einen Stift und fing an ihre To-Do Liste oder Ideenliste. Nach wenigen Minuten war Hannah fertig mit ihrer Liste. Auf ihr standen Sachen wie: Freibad besuchen, Kino gehen, Sport machen, Zimmer ausmisten, basteln, auf dem Balkon zelten usw. Diese ganzen Sachen wollte sie mindestens einmal in den Sommerferien gemacht haben. Na ja das mit dem Freibad jetzt nicht, das würde sie schon öfter machen, denn diesen Sommer war es wirklich heiß. Schon alleine letzte Woche waren es 30 Grad, was schon für Hannah ziemlich warm ist. Also nahm sie sich vor öfter gerade wegen der Sonne und wegen dem so guten Wetter ins Freibad zu gehen. In den nächste zwei, drei Tagen bereiteten sich die drei immer mehr auf ihre Reise nach Paris vor. Hannah suchte immer mehr im Internet nach den beliebtesten Sehenswürdigkeiten und schöne Plätze, die die ganze Familie besuchen kann. Ihre Eltern kümmerten sich um das ganze Rechtliche Zeug wie Personalausweis und Pässe. Montag, einen Tag vor der Reise, fing Hannah schon mal an ihren Koffer für Paris zu packen. Sie suchte sich an ihrem Kleiderschrank ihre schönsten, aber luftigsten Kleider aus, denn nach den ganzen Wetterberichten soll es in Paris etwa 30 Grad werden, was Hannah schon sehr heiß war. Aus diesem Grund wollte sie auch keine dicken Pullover anhaben, sondern schön kurze und luftige Kleidung. Nachdem sie mit dem Kleidung heraussuchen nach einer gefühlten Ewigkeit fertig war übergab sie die ganze Kleider an ihre Mutter, die zusammen mit ihrem Vater den Koffer packte. Hannah machte sich dann an ihren Rucksack. Sie überlegte erst mal, was sie denn überhaupt alles für die Reise so braucht außer

Kleidung. Sie nahm ihren Rucksack, der oben auf dem Kleiderschrank stand, herunter und legte ihn auf ihre Bett. Daneben legte sie all ihre Sachen hin, die sie mit nehmen möchte. Handykabel, Papier, Stifte, Selfie-Stick, Sonnenbrille... Als sie schließlich dann fertig wurde packte sie das alles in ihren Rucksack und war schon so eigentlich für Paris bereit. Den Tag lang machte sie nichts besonderes mehr aus weiter nach schönen Orten in Paris zu suchen und sich Videos über die Stadt anzusehen. Sie und ihre Eltern mussten an dem Tag ziemlich früh ins Bett, denn der Zug fuhr schon morgen früh gegen 7 Uhr. Also mussten sie schon alle morgen früh gegen 5 Uhr wach sein, um sich noch frisch zu machen und die letzten Vorbereitungen zu treffen. Abends als Hannah im Bett war war sie überglücklich und freute sich schon riesig auf Paris. Sie war ziemlich gespannt auf die Fahrt und auf die Stadt, denn sie war zum aller ersten mal in Paris bzw. in Frankreich. Nach wenigen Minuten schlief Hannah schließlich ein, denn sie wollte morgen nicht schlecht aufstehen.

„Hannah, steh auf es ist 5 Uhr.", weckte Hannahs Mutter Hannah sanft. Hannah war noch total

verschlafen und sagte ihrer Mutter noch im Halbschlaf: „Wieso weckst du mich so früh auf?" Während sie das gesagt hat, erinnerte sie sich dran, dass heute endlich der große Tag war. Ihre m
Mutter musste nichts mehr sagen und lächelte sie an und ging wieder in die Küche. Hannah stand prompt auf und ging ins Bad, um sich ihr Gesicht zu wachen, damit sie komplett wach wird, denn eigentlich war es Hannah nicht so gewöhnt um 5 Uhr morgens auszustehen. Doch für eine Reise nach Paris war es ihr definitiv Wert und sie nahm es in Kauf. Dann öffnete sie erst mal ihr Fenster und hörte für einen kurzen Moment die Vögel singen. Es war zwar noch nicht so hell wie an ihren Schultagen, doch immerhin sangen die Vögel fröhlich und die Sonne ging auf. Hannah nahm ihr Handy aus dem Ladegerät heraus und checkte erst mal ihr Handy ab. Das war für Hannah ja mittlerweile Routine. Nach etwa 10 Minuten ging sie auch zur Küche und sagte ihrer Mutter und ihrem Vater richtig fröhlich: „Guten Morgen!" und umarmte beide fast so fest, dass sie runter fielen. Anschließend frühstückte sie in Ruhe mit ihrer Mutter und ihrem Vater. Diesmal gab es Pfannkuchen, Hannahs

Lieblingsfrühstück, weil es ja auch ein besonderer Tag war und sie auch bis mittags satt bleiben müssen. Nachdem Frühstück berieten die Eltern noch die letzten Sachen vor, um dann abfahren zu können. Hannah checkte in der Zeit ihre Tasche, damit sie auch alles dabei hat. „Kopfhörer Check, Handyladekabel Check, Handy Check …", sagte Hannah hinter einander. Als alle dann gegen 7:15 Uhr fertig waren verließen sie die Wohnung. „Tschüss Wohnung, bis nächste Woche.", verabschiedete sich Hannah mit der Wohnung. Alle drei machten sich auf zum Auto, dass unten stand. Der Vater setze sich auf dem Fahrersitz hin, die Mutter daneben und Hannah hinten. Auf dem Weg um Bahnhof redeten sie über die Zugfahrt und über Paris an sich. Doch als sie dann in der Hauptstraße ankamen sahen sie nur noch unendlich lange Stau. Sie kriegten alle erst mal Panik, denn Stau reichte bis bis zum Sonnenhorizont, er war also wirklich sehr lange. Und wie sollten sie das jetzt bitte noch so schnell und kurzfristig zum Bahnhof schaffen? Hannah und ihre Eltern hatten Angst, dass sie nicht rechtzeitig am Bahnhof ankommen würden und somit den Zug verpassen. Doch der Vater sagte den anderen:

„Wir können nichts machen. Jetzt können wir nur noch hoffen und beten, dass der Stau so schnell wie möglich fertig ist und wir auf dem schnellsten Weg zum Bahnhof gelangen, um den Zug zu bekommen. Wann fährt der Zug nochmal ab?", fragte der Vater Hannahs Mutter. „Um 7 Uhr.", antwortete sie schon in Enttäuschung. Als dann nach etwa 40 Minuten der Stau zu Ende war fuhr der Vater schnell noch zum Bahnhof, denn sie hatten nur noch sehr wenige Minuten, um noch zum Gleis zu rennen und den Zug zu bekommen. „Oh Gott, hoffentlich schaffen wir das noch vor der Abfahrt des Zuges!", sagte die Mutter in Panik und hoffte es bitterlich. Hannah war ziemlich nervös und auch gestresst, weil für sie eigentlich klar war, dass es nahezu unmöglich ist jetzt noch in wenigen Minuten noch das Auto dort zu parken, zum Gleis mit den ganzen Koffern und Taschen zu gehen und dann noch den Zug zu bekommen. Aber für Hannah starb die Hoffnung erst zuletzt. Sie betete, dass der Zug Verspätung hat und sie noch rechtzeitig ankommen, denn die Bahn würden den drei auch kein neues Ticket mehr geben, weil sie ja „privat" angereist sind und sich verspätet haben. Also war es für den Rest der Fahrt Totenstille und keiner sagte ein Piep. Als sie dann nach etwa 10 Minuten Fahrt angekommen sind stiegen alle drei hastig und panisch aus dem Auto aus und der Vater schrie panisch: „Ich hole die Koffer raus. Schatz, guck du, auf welches Gleis wir müssen." Hannah holte ihre kleine Tasche aus dem Auto und trug diese auf den Schultern. Der Vater nahm die beiden Koffer in die Hand während die Mutter auf das Ticket guckte und den anderen sagte: „Gleis 2. Gleis 2. ICE 2205." Hannahs Mutter nahm auch einen Koffer und die drei gingen sehr zügig, es war eigentlich rennen, zum Gleis, um den Zug noch zu bekommen. Bitte, bitte, bitte, bitte der Zug hat noch Verspätung und ist noch nicht abgefahren oder fährt noch vor unseren Augen ab, dachte sich Hannah. Als die drei völlig aus der Puste am Gleis ankamen ging der Vater zur Anzeigetafel, die er von dem Standort der Mutter und Hannah nicht sehen konnte. Also ging er ein paar Schritte nach vorne und blickte drauf. „Und was steht drauf, ich kann das von hier nicht lesen?", fragte die Mutter. Der Vater sagte enttäuscht: „Wir haben den Zug verpasst..." Hannah und ihre Mutter verzogen ihre Gesichter und waren für einen kurzen Moment traurig.

„Nein, Spaß. Der Zug hat nur Verspätung, Gott sei Dank. Wir müssen noch etwa 40 Minuten warten, gehen wir rüber und setzen uns in die Bahnhofshalle, mh?", sagte der Vater. Hannah und ihre Mutter lachten und waren sehr erleichtert, dass sie doch noch den Zug bekommen. „Oh Gott, zum Glück. Okay dann gehen wir in die Halle.", sagte Hannah froh erleichtert. Sie gingen wieder aufs erste Gleis, wo die Bahnhofshalle war und setzen sie dort mit dem ganzen Gepäck. Hannahs Eltern holten sie dort beim Bäcker in der Bahnhofshalle einen Kaffee zum wach werden und Hannah holte sich einen leckeren und warmen Kakao, den sie dann im sitzen mit ihren Eltern, wartend auf den Zug, trank. Hannahs Eltern lasen in der Wartezeit die Zeitung und Hannah war an ihrem Handy beschäftigt. Sie scrollte hoch und runter und wusste eigentlich nicht mehr, was sie machen soll, weil sie ihr ganzes Internet nicht jetzt – vor der Reise nach Paris – verbrauchen wollte. Nach – für Hannah langweiligen – 35 Minuten warten gingen die drei schon mal los in Richtung Gleis. Dort angekommen sollte der Zug in etwa 5 Minuten kommen, also hieß es nochmal kurz warten. Nach kurzer Zeit kam eine

Lautsprecherdurchsage „Achtung an Gleis 2. Achtung an Gleis 2. Der Intercity Express 2205 nach Paris über Frankfurt und Mannheim fährt nun ein. Achtung bei der Einfahrt, bitte zurücktreten." Hannah war froh, dass das lange warten jetzt endlich ein Ende hatte und sie jetzt nach sehr langer Zeit in den Zug einsteigen konnte. Sie standen eigentlich schon an der richtigen Stelle am Gleis, wo ihr Wagen mit den reservierten Sitzplätzen waren, doch dann sahen sie noch kurzfristig auf der Tafel, dass die Wagennummer vertauscht sind. Hannahs Mutter sagte: „ Na dann los. Gehen wir komplett nach vorne." Sie standen aktuell fast ganz hinten. Doch als Hannah dann den ICE in den Bahnhof einrollen sah, sagte sie: „Nein, der Zug ist jetzt da. Das wird zu stressig. Wir gehen einfach im Zug dann nach vorne. Ist ja kein Problem. Unsere Sitzplätze werden ja schließlich nicht geklaut, wir haben ja reserviert." Die Eltern waren einverstanden und stiegen als der ICE dann endgültig stoppte und an dem Gleis anhielt ein und versuchten mit ihren zwei Koffern und Hannahs Tasche durch die engen Gänge im Zug zu kommen, damit sie zu ihrem gebuchten Sitzplatz – ganz vorne im Zugwagen – ankommen. Doch das durchkommen durch die ganzen engen Gänge war nicht ganz so leicht, weil es wegen der Wagenreihenänderung viele andere Fahrgäste gab, die genau in die entgegengesetzte Richtung von Hannah und ihren Eltern kommen wollten, um zu ihren Sitzplätzen zu kommen. Also war es ein durcheinander und quetschen und irgendwie haben sie drei es dann doch tatsächlich geschafft an ihrem Sitzplatz anzukommen, doch der war zuerst von jemand anderes belegt. Der Vater sagte nett zu dem Herrn, der auf ihren Sitzplätzen saß: „Könnten Sie bitte aufstehen? Wir haben hier die Sitzplätze reserviert." Doch der Herr wollte einfach nicht aufstehen und sagte, dass er auch die Sitzplätze reserviert hätte. Hannahs Eltern und sie selbst wunderten sich und guckten sicherheitshalber noch mal auf ihr Ticket mit der Reservation. Doch die Reservation war richtig. Hannahs Mutter bat den Herrn, dass er doch seine Reservierung zeigen solle, damit sie sehen können, ob es sich nur um eine Fehler oder Missverständnis handelte oder, ob es einfach eine Doppelbuchung gab. Der Herr sah für Hannah ziemlich gestresst aus. Er war einer von diesen „Business-Männern", die mit Laptop,

Kaffee und einem Anzug im Zug saßen und arbeiteten. Also es sah so aus als ob sie arbeiten würden. Er holte sein Ticket aus seiner Tasche heraus und zeigte es Hannahs Eltern mit einem genervten Blick und sagte noch dazu: „Hier, sehen sie. Sitzplatz 61." „Aber auf ihrem Ticket steht Wagen 8 und nicht Wagen 7. Sie müssen einen Wagen weiter, dort ist Ihr eigentlicher Sitzplatz.", sagte der Vater freundlich während der Mann verwirrt auf sein Ticket blickte, um zu überprüfen, dass dies stimmt. „Oh, das stimmt ja. Tut mir wirklich Leid, dann geh ich mal wohl in den anderen Wagen.", entschuldigte sich der Mann, dem es augenscheinlich eine peinliche Situation war, weil es sich so sicher war, dass er Recht mit seinem Ticket und seinem Sitzplatz hat. Die Eltern ließen ihn, seine Sachen zu packen und schließlich konnten sich die drei setzen und sich es gemütlich machen. Ihre Sitzplätze waren in einer Kabine, wo es insgesamt 4 Sitzplätze gab. Also setze sich Hannah ans Fenster und machte es sich erst mal gemütlich, denn sie wusste, dass sie hier noch für weitere paar Stunden im Zug bleiben muss und deshalb wollte sie sich die Fahrt so gemütlich machen wie es nur geht. Beim Abfahren des Zuges guckte Hannah für einen kurzen Moment nach draußen und dann wurde ihr auch schon langweilig und aus diesem Grund packte sie ihr Handy raus und verband sich mit dem nicht al zu guten Internet des ICE´s. Als sie dann schlieolich mit dem Internet des Zuges verbunden war, bekam sie eine Nachricht von Niklas, wo stand „Gute Fahrt :) Sag mir Bescheid, wenn du in Paris ankommst." Hannah lächelte und dachte kurz an ihn, weil sie froh war, dass er sich noch in den Sommerferien an die Reise von Hannah nach Paris erinnerte. Sie schrieb ihm zurück „Dankeschön. Gerade sitze ich noch im Zug, ich sag dir dann Bescheid." Nach wenigen Minuten am Handy wurde ihr dann auch langweilig und sie packte aus ihrer Tasche einen Roman heraus. Es war Krimi. Denn sie liebte Krimi-Serien, aber auch Krimi-Bücher. Also nahm sie das Buch aus der Tasche heraus und fing an zu lesen. Sie las für etwa eine Stunde und blickte dann auf ihr Handy, um zu sehen, wie viel Uhr es ist. 8:20 Uhr. Sie hatte noch weitere Stunden vor sich, denn sie werden gegen 12 Uhr in Paris ankommen. Sie nahm wieder ihr Handy heraus, weil sie Lust hatte einer ihrer Krimi-Serien weiter zu gucken. Sie hoffte innerlich, dass das

Internet hier im Zug für die Serie reichen werde, weil sie ehrlicherweise nicht wusste, was sie sonst machen soll außer lesen und vielleicht ab und zu aus dem Fenster rausschauen und ein bisschen überlegen und einfach mal entspannen. Nach etwa einer Stunde Serien gucken musste sie vom ganzen Cola trinken, die sie sich am Bahnhof noch neben dem Kakao für die Fahrt gekauft hat, auf die Toilette. Sie sagt ihren Eltern kurz Bescheid: „Ich geh mal kurz auf die Toilette. Ihr bleibt hier, okay?" „Ja ja, geh, wie bleiben hier.", sagte die Mutter zu Hannah, die während dessen auch ein Buch las. Sie öffnete die Kabinentür, um dann auf dem Gang zu sehen, wo überhaupt die nächste Toilette ist. Sie blickte als sie auf dem Gang war nach links, wo sie ein Toilettenzeichen sah, also ging sie auch in die Richtung. Die Toilette war aber besetzt, also wartete Hannah einen kurzen Moment vor dem WC und blickte durch das Türfenster nach draußen und sah die ganze Landschaft an sie herabfliegen. Ihr Auge konnte nur Felder, blauen Himmel, Sonne und ganz viel Grün sehen. Nicht eine Wolke am Himmel, sie hoffte dabei auch, dass das Wetter in Paris auch so gut wird und es nicht auf einmal plötzlich regnet oder sonst etwas. Bei dem ganzen Herausblicken verließ die Person, die auf Toilette war das WC und Hannah ging normal rein und schloss ab. Weil sie auch noch paranoid ist und denkt, dass die WC-Tür nicht ganz zu ist und jemand ungewollte rein platzt, prüfte sie genau mit einem versuchten Öffnen der Tür, ob die Tür auf ging. Doch nein, sie hat sie Tür wirklich abgeschlossen. Die guckte sie erst einmal um, was nicht länger als eine Sekunde gedauert hat, weil die Toilette im Zug sehr klein war. Im WC war nur die Toilette mit einem Waschbecken und darüber einem Spiegel und es stank ziemlich ekelig. Aber Hannah wunderte sich darüber nicht, denn sei wusste schon von früheren Zugfahrten, dass die Toiletten im Zug nie sehr gut riechen und schon niemals groß oder komfortabel sind, aber das war ihr in dem Moment egal, denn es war ja schließlich nicht ihr zuhause. Als sie fertig war wusch sie ihre Hände im Waschbecken und wollte dann die Tür wieder aufschließen, um wieder zu ihrem Platz zu gehen und ihre Serie weiter zu gucken. Doch plötzlich ging die Tür einfach nicht mehr auf. Das erste mal bekam sie noch keinen Schock, weil sie dachte, dass sie vielleicht einfach in die falsche Richtung gedreht hat. Doch als sie es danach wieder mehrfach verschieden ausprobierte, ging es trotzdem einfach immer noch nicht. Hannah bekam schließlich jetzt Panik und hatte Angst, dass sie jetzt hier nicht mehr raus kommen wird. In lauter Panik und Angst stellte sie sich mal wieder sie schrecklichsten Situationen vor, die theoretisch gar nicht passieren können. Doch dann kam ihr der Gedanke, dass ihre Eltern sowieso nach paar Minuten bestimmt kommen werden und suchen wo Hannah so lange bleibt. Doch was ist, wenn ihre Eltern gar nicht kommen und sie vergessen, stellte sich Hannah vor. Aber dann wand sie einen Tipp an, denn sie mal im Internet gelesen hat, wenn man Panik oder Angst hat. Einfach langsam ein und ausatmen. Also beruhigte sie sich wieder und machte sich keine schrecklichen, unrealistischen Situationen mehr vor und atmete erst mal für eine Minute ruhig. Dann versuchte sie es noch mal mit großer Hoffnung, dass es jetzt klappen wird. Sie drückte durch ihr Fuß wegen der Enge des WCs aus Versehen die Tür und bemerkte es aber nicht. Dann versuchte sie den Schlüssel zu drehen und griff zur Türklinke. Es funktionierte. Es funktionierte wirklich. Hannah war froh, dass sie endlich nach gefühlten Stunden aus der Toilette kam. Sie öffnete die Tür und ging wieder zu ihrem Platz. Weil der Wagen ein „Kabinen-Wagen" war und es dort nur Kabinen mit einer Ausnahme am Anfang des Wagens mit normalen Sitzplätzen gab, ging Hannah ohne richtig zu gucken, wo ihre Eltern sind und wo sitzen muss, vorbei. Sie landete dann vorne im Wagen, wo es dann keine Kabinen mehr gab, sondern normale Sitzplätze. Sie wunderte sich und ging den Weg wieder zurück, doch diesmal genau zu gucken, wo ihr Sitzplatz und, wo ihre Eltern sind. Als sie ihre Eltern und dementsprechend auch ihren Sitzplatz fand öffnete sie wieder die Tür und ging rein. „Boar, Ihr wisst nicht, was mir auf dem Klo passiert ist. Die Tür hat einfach geklemmt und sie ging nicht mehr auf. Ich dachte ich bleibe da jetzt in dem WC dort für immer." Die Eltern lachten gemeinsam mit Hannah und nahmen die kleine Geschichte dann alle mit Humor hinzu. Als es dann gegen 10 Uhr war stoppte der Zug an einem ziemlich kleinen Bahnhof, der auf der Strecke war. Hannahs Eltern wunderten sich, warum der Zug bei einem so kleinen Bahnhof anhielt. Hannah bemerkte es nicht großartig, weil sie weiter ihre Serien auf ihrem

Handy mit Kopfhörern sah. Dann sah die Mutter und sagte zu Hannahs Vater.: „Ah, guck mal. Der Zoll ist da. Die prüfen wahrscheinlich stichprobenartig paar ab." Der Vater sah dann auch den Zoll und sah die Beamten dann auch kurze Zeit später im Zug. Als dann die Mutter sah, dass die Beamten auch zu ihnen auf dem Weg waren, holte sie schon einmal ihre Tasche heraus, damit sie die Reisepässe vorzeigen kann. Sie hat schon gesehen, dass der Zollbeamte auch bei den anderen Fahrgästen nur die Pässe kontrolliert hatte. Als dann Hannahs Mutter die Pässe von den drei rausholen wollte, fand sie einfach die Pässe in ihrer Handtasche nicht. Sie wunderte sich zuerst, weil sie sich eigentlich zuerst sicher war, dass sie ihre Pässe dort verstaut hatte. Sie guckte genauer nach, indem sie einfach ihre ganze Handtasche ausräumte und in jedes Fach guckte, doch die Pässe waren trotzdem immer noch nicht zu finden. Sie fragte erstaunt Hannahs Vater: „Hast du die Pässe?" Er antwortete: „Nein, ich dachte du hast sie in deiner Handtasche. Sag nicht die sind dort nicht da." Hannah hörte dem Gespräch zu und hoffte, dass sie ihre Pässe schnell wieder finden, denn sie wollte schon gar nicht daran denken, was passieren würde, wenn sie ihre Pässe zuhause vergessen haben oder irgendwo verloren haben. Neben der Tatsache, dass sie ihren Pass dann, wenn sie ihn verloren haben, neu beantragen müssen und das ja auch viel kostet, wusste Hannah nicht ganz so genau, was die Zollbeamten machen werden. Werden sie Hannahs Eltern und Hannah wirklich glauben, dass sie ihre Pässe zuhause vergessen haben oder verloren haben? Was passiert nur, wenn sie aus dem Zug raus müssen und wider zurück nach Deutschland? Erst jetzt begriff Hannah, dass die Situation wirklich sehr ernst war und sie, wenn sie ihre Pässe nicht vorzeigen können vielleicht wieder nach Deutschland müssen und dazu noch wahrscheinlich eine Strafe oder Ähnliches bekommen, so dachte Hannah. Sie sagte ihrer Mutter: „Vielleicht hast du nicht richtig geguckt oder Papa hat sie." Doch die Mutter musste Hannah enttäuschen: „Also bei mir ist sie auf jeden Fall nicht. Ich erinnere mich nur noch daran, dass ich noch sogar im Auto gecheckt habe, ob alle drei Reisepässe in meinem Tasche sind und sie waren es. Wieso sie jetzt nicht mehr dort sind, weiß ich auch nicht." Dabei redete die Mutter immer panischer und guckte auf die Beamten, die schon sehr in der

Nähe von den drei waren. Alle drei bekamen Stress und Panik und die Eltern wussten ehrlicherweise nicht, was sie den Zollbeamten sagen sollen. Der Vater guckte, wie weit der Beamte war. Nur noch wenige Fahrgäste, die er kontrollieren muss. Hannah Vater guckte mal sicherheitshalber in seine Tasche nach, ob er sie vielleicht hat, doch eigentlich war es sich sicher, dass er die Pässe definitiv nicht mitgenommen hat. Er kramte und kramte in der Hoffnung, dass er die Reisepässe doch noch irgendwie finden wird und dabei sagte die Mutter: „Oh Gott, nur noch ein Fahrgast, dann ist er bei uns. Was sollen wir ihm nur sagen." Der Vater sagte plötzlich: „Ich hab sie. Oh! Mein! Gott! Hier sind die Reisepässe! Boar, das war aber echt knapp! Wieso sind die bei mir?" Die Mutter erleichtert: „Na, zum Glück! Gott sei Dank! Ach ja, ich glaube ich habe sie bei dir auf der Fahrt dann rein getan, damit sie nicht verloren gehen." Alle drei waren sehr glücklich und ihnen fiel ein großer Stein vom Herzen, denn jeder von ihnen hatte jetzt Angst, dass sie nicht ihren „Traumurlaub" in Paris machen können, sondern das sie wieder wegen den Pässen nach Deutschland zurück müssen und noch bestimmt eine Geldstrafe bekommen. Hannah war sehr glücklich und erleichtert, sie konnte dann entspannt zu sehen, wie der etwas breite Mann mit braunen Haaren mit seinem Prüfgerät auf ihnen zu kam und mit einem französischen Akzent nach den Pässen fragte. Hannahs Vater zeigte ihm die Pässe und er guckte sich erst mal diese an und prüfte sie dann nach ihrer Richtigkeit und Gültigkeit mit seinem Prüfgerät, dass für Hannah so wie das Gerät einer Fahrscheinkontrolleure aussah. Er prüfte die Pässe und gab sie dem Vater nach einigen Sekunden mit den Worten: „Alles in Ordnung. Vielen Dank und gute Reise nach Paris." wieder. Hannahs Eltern und sie waren auch nach der Kontrolle noch froh, dass sie doch noch die Pässe gefunden haben und haben dann nach diesem kleinen Panikanfall alle darüber gelacht und Hannah machte sich die Weiterfahrt noch entspannt. Denn sie wusste noch, dass sie noch etwa 2-3 Stunden fahren musste, um endlich dann nach einer sehr langen Reise in Paris anzukommen und die Stadt zu sehen. Auf der Fahrt dorthin machte sie nichts besonderes mehr. Ihre Eltern lasen Bücher, ab und zu guckte Hannahs Vater aufs Handy und beantwortete mal die ein oder andere Mail genau so wie die Mutter. Hannah las manchmal ihr

Kriminalroman weiter, sah ihre Serien auf ihrem Handy mit den Kopfhörern weiter oder machte mal die Augen zu und schlief für kurze Zeit so ein, denn sie wollte so viel Energie wie möglichst haben, damit sie den ersten Tag in Paris auch ausnutzen können und sie nicht nichts machen. Nach zwei ein halb Stunden kam die Durchsage auf die jeder im Zug gewartet hat: „Meine Damen und Herren, in Kürze erreichen wir unsere Endstation Paris Gare de Nord.!!broken!! Wir werden Paris Gare de Nord voraussichtlich auf Gleis 2 erreichen. Wir bedanken uns bei der Fahrt mit dem Intercity Express der Deutschen Bahn und wünschen Ihnen noch einen schönen Tag und einen angenehmen Aufenthalt in Paris." Als Hannah Eltern und sie selbst die Durchsage hörten waren sie sehr froh, dass sie endlich nach dieser langen und anstrengenden, teils auch stressigen wegen der Passkontrolle, Fahrt in Paris ankommen. Die Eltern und Hannah packten ihre Bücher, Ladekabel, Kopfhörer und so weiter in ihre Taschen und genossen noch die letzten Minuten Fahrt im ICE bis der Zug in den Bahnhof einfährt und sie endlich aussteigen können. Nach etwa zwei Minuten langsame Fahrt, um in den Bahnhof einzufahren sah

Hannah schon die Gleis und die Bahnsteige des Bahnhofs in Paris, also standen sie drei auf und gingen durch die ganze andere Menschenmenge, die auch alle so schnell wie möglich aus dem Zug raus wollen, zur Tür. Dort warteten sie einen kurzen Augenblick bis der Zug dann letztendlich im Bahnhof eingefahren war und jetzt nur noch bremsen musste. Hannah hörte im letzten Moment im Zug die Reifen des Zugs wie sie bremsten und schließlich stand der Zug. Die Türen gingen nach wenigen Minuten automatisch von sich selbst auf und Hannahs Eltern und sie selbst versuchten durch die anderen Fahrgäste, die auch sehr viel Gepäck hatten, auszusteigen. Als Hannah den ersten Schritt auf den Bahnsteig des Bahnhofs in Paris machte, sagte sie ihren Eltern voll euphorisch: „Endlich! Ich kann es nicht glauben! Wir sind wirklich in Paris! Ich meine in PARIS!" Hannah zog den ersten Atemzug in Paris langsam ein und sie konnte es nicht glauben, dass sie es tatsächlich ohne großen Schwierigkeiten oder Probleme hier hin geschafft haben. Sie suchten erst einmal den Ausgang des Gleises, damit sie zum Zentrum des Bahnhofs kommen können. Hannah sah eine Treppe, die nach unten führte und sagte ihren Eltern daraufhin: „Dort. Ich glaube wir müssen da hin." Die Eltern glaubten ihr mal und folgte ihr und tatsächlich kamen sie dann im Zentrum des Bahnhof an, wo es die ganzen kleinen Läden und Bäckereien gibt. Die Eltern und Hannah selbst gingen zuerst zu einem kleinen Bäcker, um sich Kleinigkeiten zu holen, denn die drei waren wirklich sehr hungrig. Dort holte sich Hannah ein Croissant und die Eltern auch. Ihr ist noch vor dem Essen aufgefallen, dass ja das Croissant ja ursprünglich hier herkommt und die drei also offiziell das erste mal original französisch essen. Ihr schmeckte das Croissant, als das von Deutschland, weil es ihr irgendwie lockerer und süßer schmeckte. Auf dem Weg zum Ausgang des Bahnhofs aßen Hannah und die Eltern noch ihre Croissant zu Ende, die sie aber nicht so richtig gesättigt haben und suchten den Ausgang, bei dem sie dann an dem Hotel nah und optimal ankommen. Es gab dort am Bahnhof wie eigentlich auch bei Hannah in Deutschland verschiedene Ausgänge des Bahnhofs. Doch im Bahnhof von Paris war das Problem, dass wenn man einen falschen Ausgang nimmt, man teilweise wirklich sehr lange zum richtigen finden muss, da das Verkehrssystem und der Tourismus sich dort natürlich von einer mittelgroßen Stadt in Deutschland unterscheidet, so hat es zumindest Hannah im Internet gelesen. Nach vielen Verwirrtheiten konnten sie dann endlich den richtigen Ausgang finden und die verließen die Bahnhofshalle. Der erste Blick von Paris für Hannah war atemberaubend. Die ganzen alt gebauten Häuser mit Verzierungen und Details, das Chaos der Autos und dem ganzen Verkehrssystem, die anderen Touristen mit den anderen verschiedenen Sprachen, der meerblaue Himmel und die Sonne die Hannah anlachte. Sie liebte Paris. Es war für Hannah wirklich wie Liebe auf den ersten Blick. Der Vater versuchte mithilfe des Internets und dem kleinen Stadtplan, der vor dem Bahnhof hing, das Hotel von ihnen zu finden. Nach Bericht des Hotels sollte es etwa nur 300m vom zentralen Bahnhof, also da wo Hannah und ihre Eltern standen, sein. Der Vater sagte zu den anderen dann mit Blick aufs Handy: „Wir müssen glaube ich dahin." und zeigte auf eine Hauptstraße. Hannah und ihre Mutter gingen mit dem Vater los und wollten die Straße überqueren. Das war der erste Merkmal, der sich stark zu Deutschland, unterscheidet. Das fiel Hannah sofort auf. Auf der Straße gab es einen Zebrastreifen mit einer Ampel, doch die Fußgänger als auch die Autofahrer haben diese gar nicht beachtet und es war für jeden dort normal, wenn Fußgänger über rot laufen und Autofahrer über den Zebrastreifen fahren, auch wenn eigentlich für die Fußgänger grün ist. Also wartete Hannah und ihre Eltern mit den ganzen anderen Touristen und Einheimischen, darauf, dass endlich die Autofahrer anhielten. Nach etwa einer halben Minuten hielten die ersten Autos an und die drei gingen zügig mit ihren Taschen und Koffern über die Kreuzung und der Vater navigierte weiter und sagte, dass sie jetzt in einer kleine Nebenstraße gehen müssen, um dann zum Hotel zu gelangen, was nach dem Internet dort liegen soll. Sie gingen über die nicht sehr befahrene Straße und bogen links in eine kleine Nebenstraße ein. Für Hannah war es eigentlich im Vergleich zu Deutschland eine Gasse, doch sie hatte schon in vielen Videos gesehen, dass Paris sehr enge Gassen und kleine, süße Straßen hat, was Hannah sehr gut gefiel. Sie mochte dieses altmodische und stilvolle von Paris, aber auch, dass Paris modern ist. Die Straße gingen sie etwa 100m entlang bis sie dann auf ein Schild trafen, wo groß und deutlich stand „Hotel Parisiana! Welcome!" Hannah sagte sofort zu ihren Eltern: „Hier ist unser Hotel! Guck, das Schild da!" Die Eltern hatten auch das Schild gesehen und gingen mit ihrem ganzen Gepäck rein und gingen an die Rezeption. Hannah blickte sich um. Der Eingangsbereich und die Rezeption war für sie ziemlich süß, niedlich und gemütlich eingerichtet. Es lief im Hintergrund leise und beruhigende Musik. Wenn man rein kommt ist direkt gegenüber die Rezeption, rechts von einem drei braune Sessel, wahrscheinlich zum warten, links eine große Tür und links neben der Rezeption ein kleiner Gang. Es roch für Hannah nach einem sehr ruhigen und zarten Duft, denn sie aber nicht so beschreiben konnte. Die Frau von der Rezeption kam auf die drei zu und fragte zu erst auf Englisch, welche Sprache Sie denn sprechen. Der Vater sagte ihr, dass sie deutsch reden und fing an zu sagen, dass sie hier für eine Woche gebucht haben. Die Mutter sagte den Namen von den drei und die Nachnamen. Die Rezeptionisten suchte in ihrem Computer danach, um Ihnen dann den Schlüssel geben zu können. Nach wenigen Minuten Suchen im PC fand sie dann schließlich die Buchung und guckte nach, welche Zimmernummer sie haben. Die Rezeptionistin sagte den: „Also, hier ist ihr Schlüssel. Zimmer 202. Etage 2. Morgen früh gibt es von 8-11 Uhr hier an der großen Tür Frühstück. Schönen Aufenthalt Ihnen noch." Die Mutter nahm den Schüssel an sich und sie gingen in den Gang herein, damit sie mit dem Aufzug zur zweiten Etage hochfahren können. Hannah sah einen ziemlich kleinen und engen Aufzug mit einer Tür, die man vorher aufmachen musste, um zum Aufzug zu gelangen. Im Aufzug hatte jede von den wirklich wenig Platz und wurde wegen dem ganzen Gepäck beinahe eingequetscht. Hannah drückte auf die zwei und der Aufzug fuhr hoch. Oben angekommen schob der Vater die Aufzugtür auf und sie gingen auf den Gang, um dann schließlich ihr Zimmer zu finden. Die Eltern und Hannah suchten nach dem passenden Gang und sahen einen kleinen Hinweis, der sagte, dass in dem linken Gang die Zimmer 200-210. Sie gingen den dunklen Gang mit Blick auf die einzelnen Zimmertüren entlang bis Hannah auf einmal sagte: „Hier. Hier ist Zimmer 202. Kann ich bitte den Schlüssel haben und aufmachen?" Die Eltern gaben ihr den Schlüssel und warteten mit dem ganzen Gepäck darauf, dass Hannah die Tür aufschließt. Zuerst konnte sie es nicht, weil es geklemmt hat, doch dann mit ein bisschen Druck konnte sie es schließlich schaffen. Sie öffnete langsam die Tür und alle drei sahen das Zimmer. Links von ihnen war eine Wand mit einem Spiegel, genau gegenüber von der Eingangtür ein großes Fenster und rechts an der Wand die drei Betten. Hannah ging als erste herein und sah auch, dass die Toilette hinter der linken Wand war und mit einer Schiebetür aufging. Gegenüber den Betten, also auf der rechten Seite, war ein kleiner, alter Schreibtisch und kleines Regal als Ablage da. Hannah legte sich sofort aufs mittlere Bett und sagte: „Oh, das Bett ist so gemütlich, Also ich schlaf hier in der Mitte." Als Hannah und die Eltern sich das Zimmer gut angeguckt haben, fingen die Eltern an die ganze Koffer auszupacken und die Kleidungen in das Regal zu verstauen. Hannah stand in der Zeit vom Bett auf und ging Richtung Fenster und wollte es öffnen. Das Fenster war doppelt gesichert, also musste sie es so zwei mal öffnen. Sie streckte ihren Kopf aus dem Fenster heraus und blickte auf die Straße, die bis zum Ende ihres Auge reichte. Sie sah viele andere Menschen, wahrscheinlich Touristen oder Einwohner von Paris. Die anderen Häuser hier in der Gegend waren sehr altmodisch und für Hannah noch viel schöner als ihre Wohnung in Deutschland. Die Häuser hier waren sehr schön verziert und jedes davon hatte das etwas Besondere, was Hannah aber nicht so ganz sagen konnte. Sie sah den blauen Himmel und sah, wie die Sonne förmlich Hannah anlächelte und Hannah und ihre Eltern in Paris willkommen hieße. Sie schloss wider das Fenster und entspannte sich noch für kurze Zeit und wartete bis ihre Eltern auch fertig waren, um raus zu gehen. Der Plan für heute war es zum Louvre zu gehen. Nach wenigen Minuten waren alle drei fertig und sie verließen das Hotel. Mithilfe des Internets und dem Orientierungssinn von den drei versuchten sie durch die ganzen engen und vielen Gassen in Paris zu Louvre zu kommen. Auf dem Weg dorthin verliebte sich Hannah um so mehr in Paris, weil sie die ganze Stimmung und Atmosphäre dort liebte. Bis zum Louvre machten die Eltern, aber auch natürlich Hannah paar Fotos von sich und von der Stadt, als kleine Reiseerinnerung. Am Louvre angekommen sah Hannah die berühmte Glaspyramide und sah die ganze Schlange. Sie stellten sich daran und warteten dran zu kommen, was noch lange gedauert hat, weil die Schlange wirklich sehr lang war. Als sie dann ankamen, kauften sie sich ein Ticket und gingen schließlich ins Museum. Dort guckten sie sich all möglichen Gemälde und Sachen an. Für die drei war das Museum im nach hinein sehr schön, weil sie auch etwas kulturelles und künstlerisches von Paris oder Frankreich gesehen haben. Nach etwa drei Stunden Museumsbesuch waren die drei auch nach diesem Tag hungrig und sie suchten sich ein schönes, kleines Restaurant dort in der Nähe, um etwas essen zu können. Als sie aus dem Louvre draußen waren haben sie noch kurz paar Fotos vor dem bekannten und großen Schloss sowie der Pyramide gemacht und waren dann auch schon auf dem Weg zum Restaurant, dass die Mutter übers Internet gefunden hatte. Es sollte etwa 300m entfernt sein. Dort angekommen setzen sich die drei sehr müde an einem freuen Tisch und guckten erst mal auf die Speisekarte, was es denn überhaupt für Essen gibt. Pizza, Pasta, Salate, Suppen. Hannah entschied sich für eine Pizza Tonno, weil sie echt großen Hunger hatte nach diesem anstrengen Tag mit der langen Fahrt nach Paris. Die Eltern bestellten jeweils eine Pasta und noch einen Salat zum probieren für alle. Die Mutter versuchte sich mit dem Kellner auf englisch zu verständigen und mit zu teilen, dass sie eine Pizza Tonno wollen, zwei Pasten und einen kleinen Salat. Doch der Kellner verstand fast gar kein Englisch, aber durch das Zeigen auf die Speisekarte wusste er schließlich, was die Eltern und Hannah bestellen wollen. Nach etwa einer viertel Stunde Wartezeit, sagte Hannah ungeduldig: „Wann kommt bitte unser Essen? Wie lange will der denn bitte noch brauchen? Bestimmt hat er uns vergessen." Doch wie ein Wunder, kam dann der Kellner mit der Pizza, den Pasten, dem Salat und den Getränken und übergab es den drei. Hannah und ihre Eltern fingen sofort mit dem Essen an, weil sie alle wirklich großen Hunger hatten. Als es dann fast 18 Uhr war und sie auch mit dem Essen fertig waren, sagte Hannah zum Schluss: „War das lecker. Jetzt bin ich aber echt komplett voll und satt." Die Eltern fanden auch das Essen sehr gut und sie waren sich einig wieder zurück zum Hotel zu spazieren. Als dann die Eltern bezahlten und sie draußen waren gingen sie wider durch die ganzen vollen und kleinen Straßen und Gassen durch Paris und spazierten noch ein bisschen bis es dunkel wurde und sie dann endgültig beschlossen zum Hotel zurückzukehren. Auf dem Weg dorthin redeten sie noch, was sie alles unbedingt morgen machen wollen. Im Hotel angekommen war es auch schon sehr spät und dunkel. Es war 20 Uhr und jeder von den drei lag im Bett und entspannte sich. Hannah war an ihrem Handy und schrieb mit Niklas über die Fahrt, Paris und, was sie alles heute gemacht haben. Die Füße von den Eltern und Hannah taten sehr weh, weil sie einfach wirklich an dem Tag sehr viel spaziert sind und viel gelaufen sind. Hannah blickte auf ihre Schrittzählerapp auf ihrem Handy und sah ganze 12.000 Schritte. Das war wirklich viel für sie und die Eltern, weil sie es eigentlich nicht gewöhnt waren so viel zu spazieren und zu laufen. Doch Hannah freute sich schon sehr auf morgen, denn morgen stand auf dem Plan zum Eiffelturm zu fahren und den zu sehen. Hannah hat ihn zwar schon von sehr weiter Ferne gesehen, aber sie will die bekannteste Sehenswürdigkeit auch von nahe sehen.

Am nächsten Morgen standen alle drei um 7:30 Uhr auf, weil sie sich einen Wecker gestellt haben, um zum einen noch rechtzeitig frühstücken zu können und zum anderen noch genug vom Tag zu haben, um ihn auch richtig ausnutzen zu können. Hannah stand dies mal nicht wie sonst mit dem Gedanken „Ich will noch schlafen." oder „Ich will noch im Bett liegen, weil es so schön warm und kuschelig ist." auf. Sie stand voller Energie auf und zog sich erst mal ihren Bademantel an, der hier im Hotel für die Eltern als auch für Hannah kostenlos zur Verfügung gestellt worden ist. Sie macht das Fenster auf und atmete die Morgenluft von Paris ein und sah wie die Sonne langsam noch aufging. Sie machte ein Foto und schickte es an Niklas mit der Nachricht „Guten Morgen!" Sie machten sich fertig, zogen ihre Kleidung an, duschten und gingen anschließend nach etwa einer Stunde runter zum Frühstück. Hannah war gespannt, wie das Frühstücksbuffet wohl aussehen wird. Wird ihr das Essen schmecken? Unten angekommen sah sie einen großen Saal mit anderen vielen Gästen, die auch hier im Hotel gebucht hatten. Die drei gingen herein und Hannah sah ein großes Buffet. Es gab Brot, Brötchen,

Aufstrich wie Butter, Käse und und und, es gab Croissants und Spiegelei und Müsli. Also für Hannah war das Buffet wirklich sehr gut, obwohl es kein 5-Sterne Hotel war. Sie nahm sich ein Brötchen mit Butter und Käse sowie ein Croissant und machte sich zum ersten mal einen Kaffee. Sie hat IM Internet gelesen, dass der Kaffee in Frankreich besonders gut schmecken soll. Bis jetzt hatte Hannah noch nie in ihrem Leben Kaffee getrunken. Doch oft sah sie beispielsweise morgens ihre Eltern Kaffee trinken und der Duft von den Kaffeebohnen und dem frischen und warmen Kaffee mochte eigentlich auch. Also sagte sie ihren Eltern, dass sie sich heute zum ersten mal einen Kaffee machen wird. Sie machte sich mit dem Automaten den Kaffee und setze sich mit ihren Eltern an einen freien Tisch, um zu frühstücken. Sie machte den ersten Schluck von dem Kaffee, der schon sehr gut roch. „Mmmh, der ist ja richtig lecker." Nach dem großen Frühstück am Buffet war es auch schon 9:30 Uhr und sie gingen nochmal hoch zum Zimmer, um sich ihre kleinen Taschen zu packen und raus zu können. Der Plan war es zuerst zum Eiffelturm zu fahren. Sie gingen zuerst bis zum Bahnhof mit Fuß und nahmen dann die Bahn. An der Station dort angekommen gingen die Eltern und Hannah die Treppen hoch und zuerst sah Hannah nur ein altes Gebäude und wunderte sich, wo der Eiffelturm wohl ist. Der Vater sagte ihr: „Dreh dich mal um." und sie sah zum ersten mal in ihrem Leben den Eiffelturm in echt. Für sie war echt wirklich sehr schön und noch größer als auf den ganzen Bildern und Videos. Hannahs Eltern und sie selbst gingen zur Aussichtsplatte, um dort die ersten Fotos zu schießen. Auf dem Weg dorthin sah Hannah schon sehr viele andere Touristen die unzählige Bilder von sich und dem Eiffelturm machten. Nach einiger Zeit als sie ankamen machten sie auch schon die Fotos und blickten jetzt zum Eiffelturm und er war immer noch für alle drei sehr schön, aber auch groß. Hannah dachte als sie dorthin guckte, dass der Turm gleich auf sie fiel, obwohl das eigentlich gar nicht der Fall war. Doch wegen der großen Höhe war es so. Dann gingen sie runter und wollten den Eiffelturm auch von unten sehen. Sie wollten zwar nicht in den Eiffelturm hinein und nach oben, doch die Eltern und Hannah wollten den Turm einmal von unten betrachten. Bis dorthin war der Weg sehr schwierig, denn sie konnten nie schnell gehen wegen der Masse an anderen Touristen. Hannah sah aber auch, dass es in der Nähe des Eiffelturms unzählige Verkäufer gibt, die kleine Souvenirs für nur einen Euro oder für wenig Geld verkauften. Am Anfang fand es Hannah auch ganz schön, aber dann war sie auch etwas genervt, denn sie konnten keine 10m laufen ohne von den ganzen Straßenverkäufern dort gefragt zu werden, ob sie denn einen kleinen Schlüsselanhänger für nur einen Euro haben wollen. Hannah und ihre Eltern spazierten dort noch den gesamten Tag und genossen die Zeit dort. Hannah wollte unbedingt an dem Tag auch noch Crepes oder auch Pfannkuchen genannt kaufen und essen. Also suchten die drei einen kleinen Crepesstand und wurden auch sehr schnell fündig. Hannah kaufte sich einen mit Zucker und die Eltern auch jeweils einen. Nach kurzer Wartezeit biss Hannah ins Crêpe hinein und es war für sie ein Traum. Er war so lecker als dort in Deutschland. Und so verbrachte sie auch die restlichen Tage. Morgens stand sie immer auf mit guter Laune, Sonne, Kaffee und einer Nachricht an Niklas und den ganzen Tag waren Hannah und ihre Eltern in

Paris unterwegs. Sie waren am Montmatre, spazieren, kauften sich Souvenirs, waren in Cafés, haben lecker in Restaurants gegessen, waren am Champs-Élyées und sind dann schließlich am Mittwoch nach einem sehr schönen, angenehmen, warmen, sonnigen und einfach zauberhaften Aufenthalt in Paris wider zurück - ohne große Probleme – nach Deutschland in ihre Heimatstadt gefahren. Mittwoch Abend als die drei sich dann schön ausgeruht haben und entspannten, sagte die Mutter geheimnisvoll: „Hannah, ich und dein Vater müssen dir etwas sagen." Hannah war verwundert und wusste nicht genau, was los war, doch sie sah in den Augen ihrer Eltern, dass es wirklich sehr ernst. „Es wird wahrscheinlich dein Leben verändern.", sagte der Vater mit Blick auf die Mutter, die fortfuhr. Immer noch wusste Hannah nicht, was los war und was wichtiges und dringendes ihre Eltern ihr sagen müssen, dass ihr Leben verändern wird. „Vielleicht freust du dich oder auch nicht.", sagte die Mutter und fuhr weiter fort „Hannah, du bekommst..."

Danksagung

Da ist es. Mein zweites Buch und mein erster Roman ist fertig. Ein unbeschreibliches Gefühl geht in mir vor und ich weiß nicht, wie ich Euch danken kann. Für diese tatkräftige Unterstützung in jeder Form. Doch zuerst einmal bin ich glücklich darüber, dass Du im Moment mein Buch in den Händen, sei es im Bett, auf der Couch oder auch nur im Buchhandel, um mal kurz durchzublättern. Ich bin dankbar darüber eine Leidenschaft gefunden zu haben bei der ich dutzende liebe Menschen kennengelernt habe. Ich gebe zu der Schreibprozess fing im Winter 2017 an und war überzogen von schlaflosen Nächten, literweise Kaffee und Verzweiflungen. Doch jetzt ist Zeit „Danke!" zu sagen, denn es das Ende. Das Ende des Buches, des großen Schreibprozesses und ich bin verdammt glücklich, nervös und aufgeregt auf Dein Feedback, wie Du mein Buch findest. Wir kommen jedoch erst mal zur Danksagung.

Ich möchte mich zuerst für den hochwertigen Druck und dem ganzen Vertrieb bei meinem Verlag BoD bedanken, die es möglich gemacht haben, dass ich in meinem jungen Alten von 14 Jahren jetzt das zweite Buch veröffentlicht habe.

An zweiter Stelle möchte ich mich an meine liebevolle und so unterstützende Mutter bedanken, die mich in jeder Phase des Prozesses unterstützt hat, mir die Kraft gegeben hat und immer hinter mir stand und mir an langen Schreibnächten Essen und Kaffee gebracht hat. Ich weiß es sehr zu schätzen. Tausend Dank!

Direkt darauf gefolgt bedanke ich mich tausendfach bei meiner Cousine Tahmina. Du hast mich immer unterstützt, mir Motivation gegeben, und warst schon immer stolz. Durch dich habe ich meinen Künstlername Daniel „Voltaire". Ich weiß nicht, wie ich Dir danken soll: Vielen, lieben Dank! Auch meine Tante Shanaz hat immer nach meinem Projekt gefragt, mir Kraft gegeben und mich auf neue Ideen gebracht. Das ist trotz dieser Entfernung nicht selbstverständlich, ich Danke Euch beiden!

Meine Schwester Ellaha mir immer Ratschläge genommen, die ich immer beherzigt habe und auch ihr möchte ich sehr danken.

Mein Buch wäre nicht das Buch, wenn es die liebe Emma nicht test-gelesen hätte. Sie hat so viele Stellen überarbeitet und mir einen neuen Weib für das ganze Buch geschaffen. Vielen Dank für Diene Unterstützung!

Euch allen danke ich vom ganzen Herzen. Ich weiß nicht, wie ich Euch richtig teilen kann, wie seht ich dankbar für diese Unterstützung in jeder Lage bin und das ich es nicht als selbstverständlich sehe Euch alle zu haben.

Tausend, tausend Dank!

Daniel Voltaire.

Mich würde es sehr freuen, wenn Du mal auf meiner Webseite „voltaireblog.wixsite.com/blog" nachgucken würdest und mir Dein Feedback über Instagram (@daniel_voltaire) oder per Mail voltaireblogger@gmail.com teilen würdest.

194